"十三五"应用型人才培养O2O创新规划教材

建筑工程技术资料与管理

尹素花　董中奇　吴艳丽　主编

化学工业出版社

·北京·

本书共分9章，详细、系统地讲述了建筑工程准备阶段资料（A类）、监理资料（B类）、施工资料（C类）、竣工图及工程竣工文件（D、E类）、建筑工程施工质量验收、建筑工程资料归档整理、建筑工程竣工验收备案、计算机辅助资料整理等内容。全书内容丰富翔实，注重理论联系实际，具有较强的理论性、实践性。

本书配套有丰富的数字资源，其中包含相关的国家规范、规程，典型的实际工程案例、视频等，可通过扫描书中二维码获取。

本书可作为应用型本科学校和高职高专院校建筑工程技术专业、工程造价专业、工程管理专业及土建类相关专业的教材，也可供相关专业及建筑施工单位的有关技术、资料管理人员阅读、参考。

图书在版编目（CIP）数据

建筑工程技术资料与管理/尹素花，董中奇，吴艳丽主编. —北京：化学工业出版社，2018.5（2022.4重印）
"十三五"应用型人才培养O2O创新规划教材
ISBN 978-7-122-31791-9

Ⅰ.①建… Ⅱ.①尹…②董…③吴… Ⅲ.①建筑工程-技术档案-档案管理-高等学校-教材 Ⅳ.①G275.3

中国版本图书馆CIP数据核字（2018）第054204号

责任编辑：李仙华　提　岩　张双进　　　　　文字编辑：李　瑾
责任校对：边　涛　　　　　　　　　　　　　装帧设计：王晓宇

出版发行：化学工业出版社（北京市东城区青年湖南街13号　邮政编码100011）
印　　刷：三河市航远印刷有限公司
装　　订：三河市宇新装订厂
787mm×1092mm　1/16　印张11　字数262千字　2022年4月北京第1版第3次印刷

购书咨询：010-64518888　　　　　　　　　售后服务：010-64518899
网　　址：http://www.cip.com.cn
凡购买本书，如有缺损质量问题，本社销售中心负责调换。

定　价：36.00元　　　　　　　　　　　　　　　　　版权所有　违者必究

编审委员会名单

主　任　张现林

副主任　赵士永　安占法　孟文清　王全杰　邵英秀

委　员（按姓名汉语拼音排序）

　　　　　　安占法　河北建工集团有限责任公司
　　　　　　陈东佐　山东华宇工学院
　　　　　　丁志宇　河北劳动关系职业学院
　　　　　　谷洪雁　河北工业职业技术学院
　　　　　　郭　增　张家口职业技术学院
　　　　　　李　杰　新疆交通职业技术学院
　　　　　　刘国华　无锡城市职业技术学院
　　　　　　刘良军　石家庄铁路职业技术学院
　　　　　　刘玉清　信阳职业技术学院
　　　　　　孟文清　河北工程大学
　　　　　　邵英秀　石家庄职业技术学院
　　　　　　王俊昆　河北工程技术学院
　　　　　　王全杰　广联达科技股份有限公司
　　　　　　吴学清　邯郸职业技术学院
　　　　　　徐秀香　辽宁城市建设职业技术学院
　　　　　　张现林　河北工业职业技术学院
　　　　　　赵士永　河北省建筑科学研究院
　　　　　　赵亚辉　河北政法职业学院

序 Preface

教育部在高等职业教育创新发展行动计划（2015—2018年）中指出"要顺应'互联网+'的发展趋势，应用信息技术改造传统教学，促进泛在、移动、个性化学习方式的形成。针对教学中难以理解的复杂结构、复杂运动等，开发仿真教学软件"。党的十九大报告中指出，要深化教育改革，加快教育现代化。为落实十九大报告精神，推动创新发展行动计划——工程造价骨干专业建设，河北工业职业技术学院联合河北工程技术学院、河北劳动关系职业学院、张家口职业技术学院、新疆交通职业技术学院等院校与化学工业出版社，利用云平台、二维码及BIM技术，开发了"十三五"应用型人才培养O2O创新规划教材。

该丛书的编者多年从事工程管理类专业的教学研究和实践工作，重视培养学生的实际技能。他们在总结现有文献的基础上，坚持"理论够用，应用为主"的原则，为工程管理类专业人员提供了清晰的思路和方法，书中二维码嵌入了大量的学习资源，融入了教育信息化和建筑信息化技术，包含了最新的建筑业规范、规程、图集、标准等参考文件，丰富的施工现场图片，虚拟三维建筑模型，知识讲解、软件操作、施工现场施工工艺操作等视频音频文件，以大量的实际案例举一反三、触类旁通，并且数字资源会随着国家政策调整和新规范的出台实时进行调整与更新。不仅为初学人员的业务实践提供了参考依据，也为工程管理人员学习建筑业新技术提供了良好的平台，因此，本丛书可作为应用技术型院校工程管理类及相关专业的教材和指导用书，也可作为工程技术人员的参考资料。

"十三五"时期，我国经济发展进入新常态，增速放缓，结构优化升级，驱动力由投资驱动转向创新驱动。我国建筑业大范围运用新技术、新工艺、新方法、新模式，建设工程管理也逐步从粗犷型管理转变为精细化管理，进一步推动了我国工程管理理论研究和实践应用的创新与跨越式发展。这一切都向建筑工程管理人员提出了更为艰巨的挑战，从而使得工程管理模式"百花齐放、百家争鸣"，这就需要我们工程管理专业人员更好地去探索和研究。衷心希望各位专家和同行在阅读此丛书时提出宝贵的意见和建议，共同把建筑行业的工作推向新的高度，为实现建筑业产业转型升级做出更大的贡献。

河北省建设人才与教育协会副会长

2017年10月

前言

"建筑工程技术资料与管理"是高职高专教育建筑工程类专业的一门重要专业课程，在培养高素质技术技能型人才工作中占据着重要地位。

本书按照土建类职业岗位和职业能力培养的要求，结合《建筑工程资料管理规程》（JGJ/T 185—2009）、《建筑工程文件归档整理规范》（GB/T 50328—2014）、《建筑工程施工质量验收统一标准》（GB 50300—2013）等国家相关法律、法规和标准规定，对建筑工程资料的编写、收集、整理和归档做了详尽的阐述。

在编写本教材过程中，我们充分总结和吸纳了国内优秀同类教材的优点，加入O2O线上线下功能，立足于满足我国新时期信息化升级的大背景下对培养土建类高素质技术技能人才提出的新要求，按照理念先进、目标明确、课程适用、深入浅出的总体思路安排内容。

本书配套有丰富的数字资源，其中包含相关的国家规范、规程、典型的实际工程案例、视频等，可通过扫描书中二维码获取。其中：《混凝土结构工程施工质量验收规范》（GB 50204—2015）、《建筑工程施工质量验收统一标准》（GB 50300—2013）、习题解答、配套的电子课件，读者可登录网址 www.cipedu.com.cn，输入本书名，选择电子资料包，自行下载。

本书由河北工业职业技术学院尹素花、董中奇，黄河交通学院吴艳丽担任主编；河北工业职业技术学院李雪军、河北工程职业学院于丽英担任副主编。具体编写分工如下：黄河交通学院吴艳丽编写了第一、第二章，河北工业职业技术学院尹素花编写了第三~五章，河北工业职业技术学院董中奇编写了第六、第七章，河北工业职业技术学院李雪军编写了第八章，河北工程职业学院于丽英编写了第九章，参与编写的还有沧州职业技术学院田春艳、元文斌，邯郸职业技术学院杨卫国，石家庄理工职业学院邵英等。

本书在编写过程中参考了大量的文献资料，在此，我们向这些文献的作者表示诚挚的谢意。

由于编写时间仓促，编者水平有限，书中疏漏之处在所难免，敬请广大读者批评指正。

编　者

2018 年 4 月

目录 CONTENTS

第一章 绪论 ... 1
第一节 建筑工程资料概述 ... 1
一、建筑工程资料的概念 ... 1
二、建筑工程资料的相关概念 ... 1
三、建筑工程资料管理各参建单位的相关职责 ... 2
第二节 建筑工程资料管理的意义 ... 3
一、保证工程竣工验收的需要 ... 3
二、维护企业经济效益和社会信誉的需要 ... 3
三、开发利用企业资源的需要 ... 4
四、保证城市规范化建设的需要 ... 4
第三节 建筑工程资料管理的基本规定 ... 4
一、建筑工程资料的管理规定 ... 4
二、建筑工程资料的形成规定 ... 4
习题 ... 5

第二章 建筑工程准备阶段资料（A类） ... 6
第一节 建筑工程准备阶段文件管理概述 ... 7
一、建筑工程准备阶段文件概述 ... 7
二、建筑工程准备阶段文件的分类 ... 7
第二节 决策立项阶段文件（A1） ... 9
一、项目建议书 ... 9
二、可行性研究报告及附件 ... 10
第三节 建设用地文件（A2） ... 10
一、工程项目选址申请及选址规划意见通知书 ... 10
二、建设用地规划许可证及附件 ... 10
三、用地申请及批准书 ... 11
四、工程建设项目报建资料 ... 11
第四节 勘察和设计文件（A3） ... 11
一、工程地质勘察报告 ... 11
二、工程测量和测绘 ... 12
三、建设用地钉桩（验线）通知单 ... 12

四、规划设计条件通知书 ……………………………………………… 12
　　五、设计文件 …………………………………………………………… 12
　第五节　招投标及合同文件（A4） ……………………………………… 13
　　一、勘察招投标文件 …………………………………………………… 13
　　二、勘察合同 …………………………………………………………… 13
　　三、设计招投标文件 …………………………………………………… 13
　　四、设计合同 …………………………………………………………… 14
　　五、监理招投标文件 …………………………………………………… 14
　　六、委托监理合同 ……………………………………………………… 14
　　七、施工招投标文件 …………………………………………………… 15
　　八、施工承包合同 ……………………………………………………… 15
　第六节　开工文件（A5） ………………………………………………… 16
　　一、建设工程规划许可证及附件 ……………………………………… 16
　　二、建设工程施工许可证申请表 ……………………………………… 16
　　三、建设工程施工许可证 ……………………………………………… 16
　第七节　商务文件（A6） ………………………………………………… 16
　　一、工程投资估算资料 ………………………………………………… 16
　　二、工程设计概算书 …………………………………………………… 17
　　三、工程施工图预算书 ………………………………………………… 17
　　四、工程决算书 ………………………………………………………… 17
　习题 ………………………………………………………………………… 17

第三章　监理资料（B类） ……………………………………………… 19
　第一节　工程监理资料管理概述 ………………………………………… 20
　　一、工程监理资料的概念 ……………………………………………… 20
　　二、工程监理资料的来源与保存 ……………………………………… 20
　第二节　监理管理资料（B1） …………………………………………… 22
　　一、监理规划和监理实施细则 ………………………………………… 22
　　二、监理月报 …………………………………………………………… 22
　　三、监理会议记录 ……………………………………………………… 23
　　四、监理工作日志 ……………………………………………………… 23
　　五、监理工作总结 ……………………………………………………… 23
　　六、工作联系单 ………………………………………………………… 24
　　七、监理工程师通知单 ………………………………………………… 24
　　八、工程暂停令 ………………………………………………………… 24
　第三节　进度控制资料（B2） …………………………………………… 24
　　一、工程开工报审表 …………………………………………………… 24
　　二、施工进度计划报审表 ……………………………………………… 25
　第四节　质量控制资料（B3） …………………………………………… 25
　　一、质量事故报告及处理资料 ………………………………………… 25
　　二、旁站监理记录 ……………………………………………………… 25

  三、见证取样和送检见证人员备案表 ······ 26
  四、见证记录 ······ 26
 第五节 造价控制资料（B4） ······ 26
  一、工程款支付证书 ······ 26
  二、费用索赔审批表 ······ 27
 第六节 合同管理资料（B5） ······ 27
  一、委托监理合同 ······ 27
  二、工程延期审批表 ······ 27
 第七节 竣工验收资料（B6） ······ 28
  一、工程质量评估报告 ······ 28
  二、监理费用决算资料 ······ 28
  三、监理资料移交书 ······ 28
 第八节 本章表例（B） ······ 28
 习题 ······ 38

第四章 施工资料（C类） ······ 39

 第一节 施工资料管理概述 ······ 40
  一、施工资料概述 ······ 40
  二、施工资料的来源与保存 ······ 40
 第二节 施工管理资料（C1） ······ 48
  一、工程概况表 ······ 48
  二、施工现场质量管理检查记录 ······ 49
  三、企业资质证书及相关人员岗位证书 ······ 49
  四、分包单位资质报审表 ······ 49
  五、建设工程质量事故调查、勘查记录 ······ 49
  六、建设工程质量事故报告书 ······ 50
  七、施工检测计划 ······ 50
  八、见证试验检测汇总表 ······ 50
  九、施工日志 ······ 50
  十、监理工程师通知回复单 ······ 51
 第三节 施工技术资料（C2） ······ 51
  一、工程技术文件报审表 ······ 51
  二、施工方案 ······ 51
  三、危险性较大分部分项工程施工方案专家论证表 ······ 51
  四、技术交底记录 ······ 52
  五、图纸会审记录 ······ 52
  六、设计变更通知单 ······ 52
  七、工程洽商记录（技术核定单） ······ 52
 第四节 进度造价资料（C3） ······ 52
  一、工程开工报审表 ······ 52
  二、工程复工报审表 ······ 53

三、施工进度计划报审表 ……………………………………………………… 53
　　四、施工进度计划 ……………………………………………………………… 53
　　五、人、机、料动态表 ………………………………………………………… 54
　　六、工程延期申请表 …………………………………………………………… 54
　　七、工程款支付申请表 ………………………………………………………… 54
　　八、工程变更费用报审表 ……………………………………………………… 54
　　九、费用索赔申请表 …………………………………………………………… 54
第五节　施工物资资料（C4） ……………………………………………………… 54
　　一、材料、构配件进场检验记录 ……………………………………………… 54
　　二、设备开箱检验记录 ………………………………………………………… 55
　　三、设备及管道附件试验记录 ………………………………………………… 55
第六节　施工记录（C5） …………………………………………………………… 55
　　一、隐蔽工程验收记录 ………………………………………………………… 55
　　二、施工检查记录 ……………………………………………………………… 55
　　三、交接检查记录 ……………………………………………………………… 55
　　四、工程定位测量记录 ………………………………………………………… 56
　　五、基槽验线记录 ……………………………………………………………… 56
　　六、楼层平面放线记录 ………………………………………………………… 56
　　七、建筑物垂直度、标高观测记录 …………………………………………… 56
　　八、地基验槽记录 ……………………………………………………………… 56
　　九、地下工程防水效果检查记录 ……………………………………………… 57
　　十、防水工程试水检查记录 …………………………………………………… 57
　　十一、通风（烟）道、垃圾道检查记录 ……………………………………… 57
第七节　施工试验记录及检测报告（C6） ………………………………………… 57
　　一、设备单机试运转记录 ……………………………………………………… 57
　　二、系统试运转调试记录 ……………………………………………………… 58
　　三、接地电阻测试记录 ………………………………………………………… 58
　　四、绝缘电阻测试记录 ………………………………………………………… 58
　　五、砌筑砂浆试块强度统计、评定记录 ……………………………………… 58
　　六、混凝土试块强度统计、评定记录 ………………………………………… 58
　　七、结构实体混凝土强度检验记录 …………………………………………… 59
　　八、结构实体钢筋保护层厚度检验记录 ……………………………………… 59
第八节　施工质量验收记录（C7） ………………………………………………… 59
　　一、检验批质量验收记录 ……………………………………………………… 59
　　二、分项工程质量验收记录 …………………………………………………… 59
　　三、分部工程质量验收记录 …………………………………………………… 60
　　四、建筑节能分部工程质量验收记录 ………………………………………… 60
第九节　竣工验收资料（C8） ……………………………………………………… 60
　　一、单位（子单位）工程竣工验收报验表 …………………………………… 60
　　二、单位（子单位）工程质量竣工验收记录 ………………………………… 61

三、单位（子单位）工程质量控制资料核查记录 …… 61
　　四、单位（子单位）工程安全和功能检验资料核查及主要功能抽查记录 …… 61
　　五、单位（子单位）工程观感质量检查记录 …… 61
　第十节　本章表例（C） …… 62
　习题 …… 122

第五章　竣工图及工程竣工文件（D、E类） …… 123
　第一节　竣工图（D类） …… 124
　　一、竣工图概述 …… 124
　　二、竣工图的分类、来源与保存 …… 124
　　三、竣工图的编制要求 …… 125
　　四、竣工图的绘制方法和要求 …… 125
　　五、竣工图章 …… 127
　第二节　工程竣工文件（E类） …… 127
　　一、工程竣工文件的分类、来源与保存 …… 127
　　二、勘察（或设计）单位工程质量检查报告 …… 128
　　三、工程竣工验收报告 …… 128
　　四、规划、消防、环保等部门出具的认可文件或准许使用文件 …… 129
　　五、住宅质量保证书 …… 129
　　六、住宅使用说明书 …… 129
　　七、建筑工程竣工验收备案表 …… 130
　　八、工程竣工档案预验收意见 …… 130
　　九、城市建设档案移交书 …… 130
　　十、工程竣工总结 …… 130
　　十一、竣工新貌影像资料 …… 130
　习题 …… 132

第六章　建筑工程施工质量验收 …… 133
　第一节　建筑工程施工质量验收术语及基本规定 …… 133
　　一、术语 …… 133
　　二、验收基本规定 …… 134
　第二节　建筑工程施工质量验收标准 …… 136
　　一、建筑工程施工质量验收规范 …… 136
　　二、建筑工程施工质量验收规范的实施 …… 136
　　三、建筑工程质量验收的划分 …… 137
　　四、建筑工程质量验收 …… 142
　第三节　建筑工程质量验收的程序和组织 …… 144
　　一、检验批质量验收的程序和组织 …… 144
　　二、分项工程质量验收的程序和组织 …… 144
　　三、分部工程质量验收的程序和组织 …… 144
　　四、单位工程质量验收的程序和组织 …… 144
　习题 …… 144

第七章 建筑工程资料归档整理 …… 146
第一节 概述 …… 146
　一、建筑工程资料归档的含义 …… 146
　二、建筑工程资料归档管理职责 …… 147
第二节 建筑工程资料收集、整理与组卷 …… 148
　一、建筑工程资料的收集、整理与组卷 …… 148
　二、建筑工程资料的组卷 …… 148
　三、卷内文件的排列 …… 149
　四、案卷的编目 …… 149
　五、案卷的装订 …… 150
　六、案卷的装具 …… 150
第三节 建筑工程资料的归档 …… 151
　一、归档的范围 …… 151
　二、归档的质量要求 …… 151
　三、归档的时间 …… 151
　四、归档的数量及保存期限 …… 152
　五、归档程序的要求 …… 152
第四节 建筑工程档案的验收与移交 …… 152
　一、建筑工程档案验收的内容 …… 152
　二、建筑工程档案的移交 …… 153
　习题 …… 153

第八章 建筑工程竣工验收备案 …… 155
第一节 工程竣工验收备案管理 …… 155
　一、工程竣工验收备案的范围 …… 155
　二、竣工验收备案文件 …… 155
　三、竣工验收备案的程序 …… 156
第二节 工程竣工验收备案的实施 …… 157
　一、施工准备阶段施工单位的备案基础工作 …… 157
　二、施工单位项目开工前的质量控制 …… 157
　三、施工过程中施工单位的备案实施要点 …… 158
　四、竣工验收阶段施工单位备案实施要点 …… 158
　习题 …… 159

第九章 计算机辅助资料整理 …… 160
第一节 计算机在资料管理中的应用 …… 160
第二节 计算机资料管理软件应用 …… 160
　习题 …… 163

参考文献 …… 164

二维码资料目录

序号	名称	页码
二维码 1	视频 A 类文件操作演示	7
二维码 2	视频 工作联系单填写	24
二维码 3	表 B1-7 工作联系单	28
二维码 4	视频 施工现场质量管理检查记录	49
二维码 5	危险性较大的分部分项工程安全管理办法（建质[2009] 87号）	51
二维码 6	视频 技术交底记录	52
二维码 7	视频 图纸会审记录	52
二维码 8	视频 工程洽商记录	52
二维码 9	视频 施工进度计划报审表	53
二维码 10	视频 工程进度款申请表	54
二维码 11	视频 隐蔽工程验收记录	55
二维码 12	视频 工程定位测量记录	56
二维码 13	视频 地基验槽记录	56
二维码 14	视频 分部（子分部）工程质量验收记录	60
二维码 15	视频 单位工程质量竣工验收记录	61
二维码 16	视频 安全和功能核查记录	61
二维码 17	视频 单位工程观感质量验收记录	61
二维码 18	表 C1-2 施工现场质量管理检查记录	63
二维码 19	表 C2-4 技术交底记录	71
二维码 20	表 C2-1 图纸会审记录	72
二维码 21	表 C2-6 工程洽商记录	74
二维码 22	表 B3-1 施工进度计划（调整计划）报审表	77
二维码 23	表 B4-2 工程款进度款支付申请表	80
二维码 24	表 C5-1-1 隐蔽工程验收记录	86
二维码 25	表 C5-2-2 工程定位测量记录	89
二维码 26	表 C5-2-5 地基验槽记录	91
二维码 27	视频 钢筋安装检验批质量验收记录	112
二维码 28	表 C7-3 分部（子分部）工程质量验收记录	114
二维码 29	表 C8-1 单位（子单位）工程质量竣工验收记录	117
二维码 30	表 C8-3 单位（子单位）工程安全和功能检验资料核查及主要功能抽查记录	120
二维码 31	表 C8-4 单位（子单位）工程观感质量检查记录	121
二维码 32	视频 软件操作演示	161

第一章 绪论

学习目标
- 熟悉建筑工程资料的相关概念
- 了解建筑工程资料管理的意义

能力目标
- 能够对资料员岗位了解透彻,为以后编制资料打下基础

第一节 建筑工程资料概述

一、建筑工程资料的概念

建筑工程资料是在工程的规划、设计、施工等工程建设过程中形成的各种形式的文件资料。

建筑工程资料包括工程技术资料和工程管理资料。工程技术资料是工程建设过程中形成的有关工程技术、质量的文件。工程管理资料是工程建设过程中形成的有关工程审批、管理的资料,如项目立项文件,建设用地、征地、拆迁文件,勘察、测绘、设计文件,招投标文件,工程开工文件等。

二、建筑工程资料的相关概念

1. 建设工程项目

建设工程项目是指经批准按照一个总体设计进行施工,经济上实行统一核算,行政上执行统一管理的工程基本建设单位。它由一个或若干个具有内在联系的工程所组成。

2. 单位工程

单位工程是指具有独立的设计文件,竣工后可以独立发挥生产能力或工程效益的工程,是构成建设工程项目的组成部分。

3. 分部工程

分部工程是指将单位工程按专业或建筑部位划分为若干个部位,每个部位为一分部

工程。

4. 分项工程
分项工程是指由一个或若干个检验批组成的基本单元工程。

5. 检验批
检验批指的是按同一生产条件或按规定的方式汇总起来供检验用的，由一定数量样本组成的检验体。

6. 工程资料
工程资料是在整个工程的建设过程中，包括从立项、审批、施工到竣工验收等一系列活动中直接形成的文字、图表、声像等各种形式的资料。

7. 施工资料
施工资料是指由总承包单位在工程的施工过程中形成并收集汇整的文件或资料的统称。

8. 监理资料
监理资料是指建筑工程在工程建设监理过程中形成的资料。

9. 工程档案
工程档案是指在建设工程活动中直接形成的具有归档保存价值的文字、图表、声像等各种形式的历史记录。

10. 工程准备阶段文件
工程准备阶段文件是指建筑工程开工前，在立项、审批、征地、拆迁、勘察、设计、招投标等工程准备阶段形成的文件。

11. 竣工图
竣工图是指建筑工程竣工验收后，反映建筑工程施工结果的图纸。

12. 工程竣工文件
工程竣工文件是指建筑工程竣工验收、备案和移交等活动中形成的文件。

13. 组卷
组卷是指按照一定的原则和方法，将有保存价值的工程资料分类整理成案卷的过程。

14. 建筑工程资料管理
建筑工程资料管理是指建筑工程资料的填写、编制、审核、审批、收集、整理、组卷、移交及归档等工作的统称。

15. 归档
归档是指工程资料整理、组卷并按规定移交相关档案管理部门的工作。

三、建筑工程资料管理各参建单位的相关职责

1. 建设单位
建设单位应加强对工程文件的管理工作，并有专人负责工程资料的收集、整理和归档工作。在与监理单位、施工单位签订监理、施工合同时，应对监理资料、施工资料和工程档案资料的编制责任、编制套数和移交期限等做出明确要求。应向参与工程建设的勘察设计、施工、监理等单位提供与工程有关的资料，提供的资料必须真实、准确、及时。负责对工程建设过程中各单位提供的工程资料进行审核、签收。负责组织、指导和监督勘察、设计、施工、监理等单位的工程资料的形成、积累、组卷及归档工作。编制

的工程资料不得少于两套，其中城建档案馆一套、产权单位一套。应按照《建设工程文件归档整理规范》（GB/T 50328—2014）的规定，及时收集、整理建设项目各个阶段的工程资料，建立、健全工程档案，并在建设工程竣工验收后三个月内向城建档案馆报送一套完整的原件工程档案。

2. 监理单位

监理单位应加强监理资料的管理工作，并有专人负责监理资料的收集、整理和归档工作。监督检查勘察设计、施工资料的真实性、完整性和准确性。在设计阶段，对勘察、设计单位的工程资料进行监督、检查；在施工过程中，对施工单位的工程资料进行监督、检查并签署意见。应协助建设单位监督、检查工程资料的形成、积累、组卷及归档。并在工程竣工验收前（监理工作总结、工程竣工结算审查意见书除外），由项目总监理工程师组织对监理资料进行整理后，向建设单位移交（监理资料在移交、归档前必须由项目总监理工程师审核并签字）。编制的监理资料除移交建设单位二套外（其中一套为原件），自行保存一套。

3. 施工单位

施工单位应加强施工资料的管理工作，实行技术负责人负责制，逐级建立健全施工资料管理岗位责任制，并配备专人负责施工资料的填报、收集、整理等工作。总承包单位负责汇总、整理各分承包单位编制的全部施工资料，分承包单位应各自负责分包工程施工资料的整理并移交总承包单位不少于三套。接受建设、监理单位对施工资料的监督检查。工程竣工验收前将施工资料整理，汇总并移交建设单位。负责编制的施工资料除移交建设单位二套外（其中一套为原件，分项及检验批验收记录只交一套），自行保存一套。

4. 城建档案馆

城建档案馆负责接收和保管应当永久和长期保存的工程档案资料。城建档案馆在竣工验收前应对移交的工程档案进行专项验收。接收工程档案并办理移交手续。

5. 其他单位

参与工程项目建设的各单位如勘察、设计、监理、施工等均有责任向建设单位提交本规程要求的相关工程资料。

第二节 建筑工程资料管理的意义

一、保证工程竣工验收的需要

工程项目竣工的验收包含建筑工程实体的验收，以及反映建筑物自身及形成过程的施工技术资料的验收。施工技术资料未经验收或验收不合格，不得进行项目竣工验收和鉴定。

因此，对建筑工程资料的有效管理，极大地保证了工程竣工验收的需要。

二、维护企业经济效益和社会信誉的需要

施工技术资料反映了工程项目的形成过程，其直接或间接地记录了与工程施工紧密相关

的信息，如施工材料的品种、数量和质量，施工采用的技术方案和技术措施，工程量的更改与变动，质量的评定等情况。其真实地反映了施工队伍的素质和技术水平，是维护企业经济效益和社会信誉的有力保证。

三、开发利用企业资源的需要

施工技术资料是企业工程档案的来源，是企业资源的一个组成部分。档案开发利用的途径包括借阅、摘录、复制，以及汇编和专题研究等。施工技术资料为企业资源的开发提供了基础。

四、保证城市规范化建设的需要

建筑物日常的维修和保养，以及对建筑物的改建、扩建、拆建等，都离不开建筑物的竣工图以及其他相关的施工技术资料。否则，将会对上述工作带来极大地盲目性，进而对国家财产和城市建设带来严重的后果。

第三节 建筑工程资料管理的基本规定

建筑工程资料应与建筑工程建设过程同步形成，并应真实反映建筑工程的建设情况和实体质量。

一、建筑工程资料的管理规定

（1）工程资料管理应制度健全、岗位责任明确，并应纳入工程建设管理的各个环节和各级相关人员的职责范围。

（2）工程资料的套数、费用、移交时间应在合同中明确。

（3）工程资料的收集、整理、组卷、移交及归档应及时。

二、建筑工程资料的形成规定

（1）工程资料形成单位应对资料内容的真实性、完整性、有效性负责；由多方形成的资料，应各自负责。

（2）工程资料的填写、编制、审核、审批、签认应及时进行，其内容应符合相关规定。

（3）工程资料不得随意修改；当需修改时，应实行划改，并由划改人签署姓名。

（4）工程资料的文字、图表、印章应清晰。

工程资料应为原件；当为复印件时，提供单位应在复印件上加盖单位印章，并应有经办人签字及日期。提供单位应对资料的真实性负责。工程资料应内容完整、结论明确、签认手续齐全。

习 题

一、名词解释

1. 工程资料
2. 单位工程
3. 监理资料
4. 归档
5. 建筑工程资料管理

二、简答题

建筑工程资料管理的意义是什么？

第二章 建筑工程准备阶段资料（A类）

学习目标

- 了解工程准备阶段文件的相关概念
- 掌握工程准备阶段文件的来源及保存方式
- 熟悉决策立项文件的编制
- 熟悉建设用地文件的编制
- 熟悉勘察和设计文件的编制
- 熟悉招投标及合同文件的编制
- 熟悉开工文件的编制
- 熟悉工程准备阶段相关商务文件的编制

能力目标

- 能够编制建筑工程准备阶段资料
- 能够收集及整理建筑工程准备阶段资料
- 能够对建筑工程准备阶段资料进行归档

建筑工程准备阶段文件形成图：

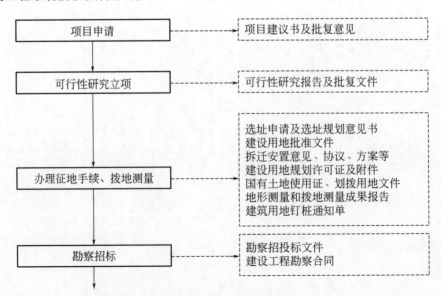

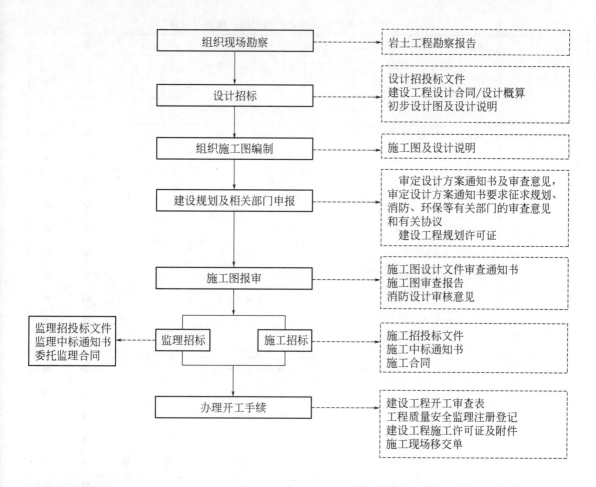

第一节 建筑工程准备阶段文件管理概述

一、建筑工程准备阶段文件概述

在工程开工前，随着工程的立项、审批、征地、拆迁、现场勘察、工程设计、建设方招标、施工方投标等相关工作的开展，会产生相应的文件资料，即现场工程准备阶段的文件。

二、建筑工程准备阶段文件的分类

按照现行《建筑工程资料管理规程》（JGJ/T 185）的规定，施工准备阶段文件资料的类别、来源及保存如表 2-1 所示。施工现场采用筑业软件编制施工技术档案。

视频
A类文件操作演示

表 2-1　施工准备阶段文件资料的类别、来源及保存

工程资料类别		工程资料名称	工程资料来源	保存单位和期限			
				施工单位	监理单位	建设单位	城建档案馆
A		施工准备阶段资料					
A1	决策立项文件	项目建议书	建设单位			●	●
		项目建议书的批复文件	建设行政管理部门			●	●
		可行性研究报告及附件	建设单位			●	●
		可行性研究报告的批复文件	建设行政管理部门			●	●
		关于立项的会议纪要、领导批示	建设单位			●	●
		工程立项的专家建议资料	建设单位			●	●
		项目评估研究资料	建设单位			●	●
A2	建设用地文件	选址申请及选址规划意见通知书	建设单位规划部门			●	●
		建设用地批准文件	土地行政管理部门			●	●
		拆迁安置意见、协议、方案等	建设单位			●	●
		建设用地规划许可证及其附件	规划行政管理部门			●	●
		国有土地使用证	土地行政管理部门			●	●
		划拨建设用地文件	土地项目管理部门			●	●
A3	勘察和设计文件	岩土工程勘察报告	勘察部门	●	●	●	●
		建设用地钉桩通知单	规划行政管理部门	●		●	●
		地形测量和拨地测量成果报告	测绘单位			●	●
		审定设计方案通知书及审查意见	规划行政管理部门			●	●
		审定设计方案通知书要求征求有关部门的审查意见和要求取得的有关协议	有关部门			●	●
		初步设计图及设计说明	设计单位			●	
		消防设计审核意见	公安机关消防机构	○	○	●	●
		施工图设计文件审查通知书及审查报告	施工图审查机构	○	○	●	●
		施工图及设计说明	设计单位	○	○	●	
A4	招投标及合同文件	勘察招投标文件	建设单位勘察单位			●	
		勘察合同*	建设单位勘察单位			●	●
		设计招投标文件	建设单位设计单位			●	
		设计合同*	建设单位设计单位			●	●
		监理招投标文件	建设单位监理单位		●	●	
		委托监理合同*	建设单位监理单位		●	●	●
		施工招投标文件	建设单位施工单位	●	○	●	
		施工合同*	建设单位施工单位	●	○	●	●

续表

工程资料类别		工程资料名称	工程资料来源	保存单位和期限			
				施工单位	监理单位	建设单位	城建档案馆
A5	开工文件	建设项目列入年度计划的申报文件	建设单位			●	●
		建设项目列入年度计划的批复文件或年度计划项目表	建设行政管理部门			●	●
		规划审批申报表及报送的文件和图纸	建设单位设计单位			●	●
		建设工程规划许可证及其附件	规划部门			●	●
		建设工程施工许可证及其附件	建设行政管理部门	●	●	●	●
		工程质量安全监督注册登记	质量监督机构	○	○		
		工程开工前的原貌影像资料	建设单位	●		●	●
		施工现场移交单	建设单位	○	○	○	
A6	商务文件	工程投资估算资料	建设单位			●	
		工程设计概算资料	建设单位			●	
		工程施工图预算资料	建设单位			●	
A类其他资料							

注：1. 表中"●"表示"归档保存"；"○"表示"过程保存"，是否归档保存可自行确定。
2. 表中标注"＊"的资料，宜由施工单位和监理或建设单位共同形成。

第二节 决策立项阶段文件（A1）

一、项目建议书

项目建议书是用书面形式把投资机会分析结果给予具体表现，是一项建议性文件，主要是由文字组成。

项目建议书由建设单位编制申报，按国家规定的划定审批权限的上级部门批复。

项目建议书的主要内容包括以下几个方面。

（1）建议项目提出的必要性和依据。引出技术、进口设备需证明国内外的技术差距和概况及进口的理由。

（2）产品方案、拟建规模和建设地点的初步设想。

（3）资源情况、建设条件、协作关系和引进国别、厂房的初步分析。

（4）投资估算和资金等筹措设想。利用外资项目应说明利用外资的可能性，偿还贷款能力测算。

（5）项目的进度安排。

（6）经济效益和社会效益的初步估计。

二、可行性研究报告及附件

项目建议书审查批准后，开始可行性研究。即建设项目在技术上是否可行，经济上是否合理，进行科学、全面的分析和论证，并应作多方案比较，推荐最佳方案，提出可行性研究报告。

可行性研究报告由建设单位委托有资质的勘察设计或工程咨询单位编制。

可行性研究报告的主要内容：

(1) 根据经济预测、市场预测确定项目建设规模和产品方案；
(2) 资源、原材料、燃料及公用设施落实情况；
(3) 建厂条件和厂址方案；
(4) 技术工艺、主要设备选型、建设标准和相应的技术经济指标，对有关部门协作配套供应的要求等；
(5) 主要单项工程、公共辅助设施、全厂布置方案和土建工程量等；
(6) 环境保护、城市规划、防震、防洪、防空、文物保护等措施方案；
(7) 企业组织、劳动定员和人员培训设想；
(8) 建设工期和实施进度；
(9) 投资估算和资金筹措；
(10) 经济分析和社会效益分析。

除此之外，可行性研究报告还包括一些附件，如选址意向书、选址意见书和外协意向书协议等。

第三节 建设用地文件（A2）

一、工程项目选址申请及选址规划意见通知书

在城市规划区域内进行建设的建设项目，申请人根据申请条件、依据，向城市规划管理部门提出选址申请，填写建设项目规划审批及其他事项申报表。

建设单位的工程项目选址申请经城市规划部门审查，符合有关法规标准的，及时收取申请人申请材料，填写"选址规划意见通知书"两份。将其中一份加盖收件专用印章后交申请人；将申请材料和另一份"选址规划意见通知书"装袋，填写移交单，转交有关管理部门。

二、建设用地规划许可证及附件

建设单位持有按国家基本建设程序批准的建设项目立项的有关证明文件，向城市规划管理部门提出用地申请，填写规划审批申报表和准备好有关文件。

建设用地规划许可证申请表主要内容为建设单位、申报单位、工程名称、建设内容、地址、规模等情况。

规划管理部门根据城市总体规划的要求和建设项目的性质、内容,以及选址定点时初步确定的用地范围界线,提出规划设计文件,核发建设用地规划许可证。

三、用地申请及批准书

征用土地应严格按照国家规定的基本建设程序和审批权限办理。其办理程序如下:
(1) 建设用地申请;
(2) 协商征地数量和补偿安置方案;
(3) 划拨土地;
(4) 核发国有土地使用证。

四、工程建设项目报建资料

新开工的建设工程项目,建设单位向建设行政主管部门和工程规划部门申请开工许可时,需要办理以下工程项目报建文件:
(1) 建设工程用地批准书或土地许可证;
(2) 建设工程规划许可证;
(3) 建设单位银行资信证明;
(4) 工程立项批准文件;
(5) 工程地质勘察报告;
(6) 工程施工设计图纸;
(7) 工程勘察、设计合同;
(8) 工程建设项目报建书;
(9) 施工企业投标能力评估报告。

第四节 勘察和设计文件(A3)

一、工程地质勘察报告

工程建设的勘察主要内容包括自然条件的调查、工程勘察、水文勘察、地震调查等内容。对于建设项目来说,为查明建筑物的地质条件而进行的综合性的地质勘察工作称为工程地质勘察。

工程地质勘察报告分为文字和图表两部分。

① 文字部分的内容包括前言、地形、地貌、地层结构、含水层构造、不良地质现象、土的最大冻结深度、地震基本烈度、预测环境工程地质的变化和不良影响、工程地质建议等。

② 图表部分包括工程地质分区图、平面图、剖面图、勘探点平面位置图、钻孔柱状图,以及不良地质现象的平剖面图、物探剖面图和地层的物理力学性质、试验成果

资料等。

二、工程测量和测绘

工程测量是工程建设中各种测量工作的总称。工程设计阶段的工程测量，按工程程序和作业性质主要有地形测量和拔地测量。

地形测量是指建设用地范围内的地形测量，反映地貌、水文、植被、建筑物和居民点。拔地测量是指对建设用地进行的位置测量、形状测量和确定四至。

测量成果报告时征用土地的依据性文件，也是工程设计的基础资料。

三、建设用地钉桩（验线）通知单

规划行政主管部门在核发规划许可证时，应当向建设单位一并发放《建设用地钉桩（验线）通知单》。

建设单位在施工前应当向规划行政主管部门提交填写完整的《建设用地钉桩（验线）通知单》。规划行政主管部门应当在收到验线申请后3个工作日内组织验线。经验线合格，方可施工。

四、规划设计条件通知书

建设项目立项后，建设单位应向规划行政管理部门申报设计规划条件，并准备好相关文件和图纸，具体包括计划部门批准的可行性研究报告、建设单位对拟建项目说明、拟建方案示意图、地形图和用地范围等。

规划行政管理部门签发的《规划设计条件通知书》包括用地情况、用地使用性质、用地使用强度、建设设计要求、城市设计要求、市政要求，以及配套要求等。

五、设计文件

一般建设项目的设计分为两个阶段，即初步设计和施工图设计。对于技术比较复杂，采用新工艺、新技术的重大项目的设计，通常分为3个阶段，即初步设计、技术设计和施工图设计。

初步设计图纸主要包括总平面图、建筑图、结构图、给水排水图、电气图、弱电图、采暖通风及空气调节图、动力图、技术与经济概算等。

技术设计是对初步设计的补充和深化，是对设计方案中比较复杂的技术问题和有关科学试验新开发的项目以及外援项目、特殊要求的建设项目，需要通过更加详细的设计和计算，对工艺流程、建筑结构、工程技术问题等进一步阐明其可靠性和合理性。与此同时，核实建设规模，检查设备选型。

施工图设计主要包括总平面图、建筑图、结构图、给水排水图、电气图、弱电图、采暖通风及空气调节图、动力图设计、经济预算等。

施工图设计审查包括消防设计审查和建筑结构施工图设计审查，分别由公安机关消防机构和建设局施工图审查机构在各自的职责范围内进行审查。具备审查合格的施工图是建筑工程施工必备的开工条件之一。

第五节 招投标及合同文件（A4）

一、勘察招投标文件

勘察招投标文件是指建设单位在选择工程项目勘察单位的过程中所进行的招标、投标活动的文件资料。

工程勘察是招标人委托有资格的勘察设计单位对建设项目的可行性研究立项选址，并为后期设计工作提供现场的实际资料。

（1）工程勘察的内容有以下几个方面：
① 自然条件观测；
② 地形图测绘；
③ 资源探测；
④ 岩土工程勘察；
⑤ 地震安全性评价；
⑥ 工程水文地质勘察；
⑦ 环境评价和环境观测；
⑧ 模型试验和科研。

（2）工程勘察招投标的工作程序如下：
① 办理招标登记、建立招标工作机构、成立评标小组、编制招标文件；
② 报名参加投标、对投标单位进行资格审查、领取招标文件、编制投标书并送交招标单位；
③ 开标、评标、中标、发中标通知、签订勘察合同。

二、勘察合同

勘察合同是建设单位与中标或委托的勘察单位为完成特定的勘察任务，明确相互权利义务关系而订立的合同，按建设与勘察单位签订的合同文件直接归档。

三、设计招投标文件

设计招投标文件是指建设单位在选择工程项目设计单位的过程中所进行的招标、投标活动的文件资料。

为了保证设计指导思想连续地贯彻于设计的各个阶段，一般工程项目多采用技术设计招标或施工图设计招标，不单独进行初步设计招标，由中标的设计单位承担初步设计任务。

设计招投标的程序如下：

（1）编制招标文件，发布招标公告或发出招标通知书，领取招标文件，投标单位报送申请书及提供资格预审文件，对投标者进行资格审查；
（2）组织投标单位现场踏勘，对招标文件进行答疑，编制投标书并按规定送达；
（3）当众开标、组织评标、确定中标单位，与中标单位签订合同。

四、设计合同

设计合同是指建设单位与中标或委托的设计单位为完成特定的勘察任务，明确相互权利义务关系而订立的合同，按建设与设计单位签订的合同文件直接归档。

五、监理招投标文件

（1）监理招标文件包括以下几个方面的内容：
① 投标须知；
② 合同条件；
③ 建设单位提供的现场办公条件；
④ 对监理单位的要求；
⑤ 必要的设计文件、图纸、有关资料及有关技术规定；
⑥ 其他事宜。
（2）投标文件包含以下几个方面的内容：
① 投标人的资质；
② 监理大纲；
③ 拟派项目的主要监理人员及监理人员的素质说明；
④ 监理单位提供用于工程的检测设备和仪器，或委托有关单位检测的协议；
⑤ 监理费报价和费用的组成。

六、委托监理合同

委托监理合同简称监理合同，是指建设单位聘请监理单位代其对工程项目进行管理，明确双方权利义务的协议。

1. 建设工程委托监理合同

监理合同是总的纲领性法律文件，是一个总的协议。合同中需要明确的主要内容包括：工程概况，委托人向监理人支付报酬的期限和方式，合同签订、生效、完成时间，双方愿意履行约定的各项义务的表示。

2. 标准条件

监理合同标准条件的内容包括：合同中所使用的词语定义，适用范围和法规，签约双方的责任、权利和义务，合同生效、变更和终止，监理报酬。

3. 专用条件

由于标准条件适用于所有的工程建设监理委托，因此其中的某些条款规定得比较笼统需要在签订具体工程项目的监理委托合同时，就地域特点、专业特点和委托监理项目的特点，对标准条件中的某些条款进行补充修正，形成专用条件。

七、施工招投标文件

施工招投标文件是指建设单位在选择工程项目施工单位过程中所进行的招标、投标活动的文件资料。

招标文件主要包括以下4个方面的内容。

1. 招标公告

招标公告是公开招标时发布的一种周知性文书，要公布招标单位、招标项目、招标时间、招标步骤及联系方法等内容。

2. 资格预审文件

资格预审文件是由资格预审须知和资格预审申请表两部分组成。资格预审须知是明确参加招投标单位应知事项和申请人应具备的资历及有关证明文件；资格预审申请表是由投标人按照招标单位对投标申请人的要求条件而编写的。

3. 招标文件

招标文件是投标人编写投标书和报价的依据，文件中的各项内容应尽可能完整、详细、明确、具体。

4. 招标控制价

招标控制价一般委托工程造价咨询单位编制。

八、施工承包合同

建设工程施工承包合同是指施工单位按期完成并交付建设单位所委托的基本建设工作，是发包人按期进行验收和支付工程价款和报酬的合同。按建设单位与施工单位签订的合同直接归档。

建设工程施工合同中把合同分为合同协议书、通用条款和专用条款3个部分以及附件。

1. 合同协议书

合同协议书需要明确的主要内容包括工程概况、主要技术来源、主要日期、工程质量标准、合同价款、付款货币及合同生效等。

2. 通用条款

通用条款一般包括词语定义及合同文件，双方一般权利和义务，施工组织设计和工期，质量与校验，安全施工，合同价款与支付，材料设备与供应，工程变更，竣工验收与结算，违约、索赔和争议等。

3. 专用条款

专用条款是结合工程实际，经协商达成一致意见的条款，是对通用条款的具体化、补充或修改。其他内容由合同当事人根据建设工程项目的具体特点和实际要求细化。

4. 附件

建设工程施工合同一般包含3个附件，即"承包人承揽工程项目一览表""发包人供应材料设备一览表"以及"房屋建筑工程质量保修书"。

第六节 开工文件（A5）

一、建设工程规划许可证及附件

1. 建设工程规划许可证申报程序
（1）建设单位领取并填写规划审批申请表，加盖建设单位和申报单位公章。
（2）提交申报建设工程规划许可证要求中所列要求报送的文件和图纸。
（3）城市规划行政管理部门填发建设工程规划许可证立案表，作为申报建设工程规划许可证的回执。
（4）城市规划行政管理部门进行审查，对于不符合规划要求的初步设计提出修改意见，发出修改工程图纸通知书，修改后重新申报。
（5）经审查合格的建设工程，建设单位在取件日期内在规划管理单位领取建设工程规划许可证。
（6）办理建设工程规划许可证要经过建设单位申请和规划行政管理部门审批。

2. 核发建设工程规划许可证
建设工程规划许可证还包括建设工程规划许可证附图与附件。附图与附件由发证机关确定，与建设工程规划许可证具有同等的法律效力。

二、建设工程施工许可证申请表

建设工程施工许可证申请表是指新建、改建、扩建项目在工程正式开工前，对具备了开工条件的建设项目，由建设单位向建设行政主管部门提出要求开工的申请。

三、建设工程施工许可证

建设工程施工许可证是新建、改建、扩建工程开工必备的依据性文件，开工的建设项目经审查具备开工条件后，由具有审批权限的建设行政主管部门核发建设工程施工许可证。

建设单位应当自领取施工许可证之日起三个月内开工。

第七节 商务文件（A6）

一、工程投资估算资料

投资估算是投资决策阶段的项目建议书，其内容主要包括建筑安装工程费，设备、工器具购置费，工程建设其他费用，预备费，固定资产投资方向调节税，建设期贷款利息等。

投资估算由建设单位或委托设计单位参照以往类似工程的造价资料编制，依据相应建设项目投资估算招标。

二、工程设计概算书

在建设工程的初步设计阶段，建设单位根据初步设计规定的总体布置及单项工程的主要建筑结构和设备清单来编制建设项目总概算。设计概算一般包括建筑安装工程费用，设备、工器具购置费用，其他工程和费用，预备费等。

三、工程施工图预算书

工程项目招投标阶段，根据施工图设计下的工程量编制施工图预算。施工图预算是确定标底的依据，投标单位编制的施工图预算是确定报价的依据，标底、报价是评标、决标的重要依据。

四、工程决算书

工程决算是建筑安装企业完成工程任务后向建设单位办理的工程款最终数额的计算。工程决算书是建设单位按照国家有关规定编制的竣工决算报告。

习 题

一、简答题

1. 决策立项文件都包含哪些文件资料，分别由哪些建设相关单位提供，应在哪些单位进行保存？
2. 什么是可行性研究报告？其内容有哪些，附件有哪些？
3. 重大项目设计一般分为几个阶段，分别是什么，其具体内容有哪些？
4. 招投标及合同文件都包含哪些文件资料？
5. 设计招投标的程序有哪些？
6. 监理招标文件都包括哪些内容？
7. 开工文件包括哪些文件资料？

二、案例题

【背景材料】

渤海市一家投资商准备在该市建一座年产100万吨的磷肥厂，具体的操作过程如下。

（1）投资商委托一家有资质的咨询单位为其编制可行性研究报告，报告内容如下。

① 总论，包括项目提出的背景、投资的必要性和经济意义及研究工作的依据和范围。

② 需求预测和拟建规模。

③ 项目设计方案。

④ 建厂条件和厂址方案，包括建厂的地理、气象、水文、地质、地形条件和社会经济现状；交通、运输及水、电、气的现状和发展趋势；厂址比较与选择意见。

⑤ 资源、原材料、燃料及公用设施情况。

⑥ 企业组织、劳动定员和人员培训估算数。

⑦ 项目实施计划和进度计划。

⑧ 投资估算和资金筹措，包括主体工程和协作配套工程所需的投资；生产流动资金的估算；资金来源、筹措方式和贷款的偿付方式等。

⑨ 财务和国民经济评价。

⑩ 评价结论。

（2）通过招标方式委托一家甲级设计单位进行施工图设计。

（3）当施工条件具备时，投资商直接委托了具备资质的两家单位开始监理和施工。

（4）施工结束时，直接投入生产。

【问题】

以上程序中有无不妥之处？怎样才是正确的？

第三章　监理资料（B类）

学习目标

- 了解工程监理资料的相关概念
- 掌握建筑工程监理资料的来源及保存方式
- 熟悉监理管理资料的编制
- 熟悉质量控制资料的编制
- 熟悉造价控制资料的编制
- 熟悉合同管理资料的编制
- 熟悉竣工验收资料的编制

能力目标

- 能够编制监理资料
- 能够收集及整理监理资料
- 能够对监理资料进行归档

工程实施阶段监理资料形成图：

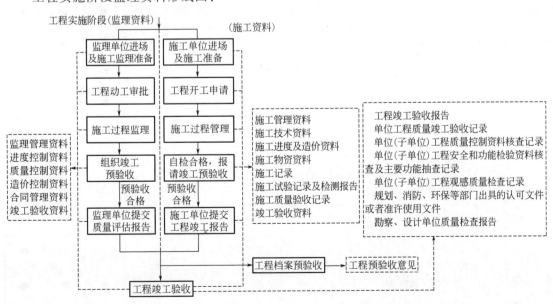

第一节 工程监理资料管理概述

一、工程监理资料的概念

建设工程监理资料是监理单位在建筑工程设计、施工等监理过程中形成的文件资料。工程监理资料是监理工作中各种控制与管理的依据与凭证。

二、工程监理资料的来源与保存

监理文件档案资料归档内容，组卷方法及监理档案的验收、移交和管理工作，应依据现行的《建设工程监理规范》（GB 50319—2013）及《建设工程文件归档整理规范》（GB/T 50328—2014）并参考工程项目所在地区建设工程行政主管部门、建设监理行业主管部门、地方城市建设档案管理部门的规定执行。

按照现行的《建筑工程资料管理规程》（JGJ/T 185—2009），监理文件要求在不同的单位归档保存，如表 3-1 所示。

表 3-1 监理文件资料类别、来源及保存

工程资料类别	工程资料名称	工程资料来源	保存单位和期限			
			施工单位	监理单位	建设单位	城建档案馆
B	监理资料					
B1 监理管理资料	监理规划	监理单位		●	●	●
	监理实施细则	监理单位	○	●	●	●
	监理月报	监理单位		●	●	
	监理会议纪要	监理单位	○	●	●	
	监理工作日志	监理单位		●		
	监理工作总结	监理单位		●	●	●
	工作联系单	监理单位施工单位	○	○		
	监理工程师通知	监理单位	○	○		
	监理工程师通知回复单*	施工单位	○	○		
	工程暂停令	监理单位	○	○	○	●
	工程复工报审表*	施工单位	●	●	●	●

20

续表

工程资料类别		工程资料名称	工程资料来源	保存单位和期限			
				施工单位	监理单位	建设单位	城建档案馆
B2	进度控制资料	工程开工报审表*	施工单位	●	●	●	●
		施工进度计划报审表*	施工单位	○	○		
B3	质量控制资料	质量事故报告及处理资料	施工单位	●	●	●	●
		旁站监理记录*	监理单位	○	●		
		见证取样和送检见证人员备案表	监理单位或建设单位	●	●	●	
		见证记录*	监理单位		●		
		工程技术文件报审表*	施工单位	○	○		
B4	造价控制资料	工程款支付申请表	施工单位	○	○	●	
		工程款支付证书	监理单位	○	○	●	
		工程变更费用报审表*	施工单位	○	○	●	
		费用索赔申请表	施工单位	○	○	●	
		费用索赔审批表	监理单位	○	○	●	
B5	合同管理资料	托监理合同*	监理单位		●	●	●
		工程延期申请表	施工单位	●	●	●	
		工程延期审批表	监理单位	●	●	●	
		分包单位资质报审表*	施工单位	●	●	●	
B6	竣工验收资料	单位(子单位)工程竣工预验收报验表*	施工单位	●	●	●	
		单位(子单位)工程质量竣工验收记录**	施工单位	●	●	●	●
		单位(子单位)工程质量控制资料核查记录*	施工单位	●	●	●	●
		单位(子单位)工程安全和功能检验资料核查及主要功能抽查记录*	施工单位	●	●	●	●
		单位(子单位)工程观感质量检查记录*	施工单位	●	●	●	
		工程质量评估报告	监理单位	●	●	●	●
		监理费用决算资料	监理单位		○	●	
		监理资料移交书	监理单位		●	●	
B类其他资料							

注：1.表中"●"表示"归档保存"；"○"表示"过程保存"，是否归档保存可自行确定。
2.表中标注"*"的资料，宜由施工单位和监理或建设单位共同形成；表中标注"**"的资料，宜由建设单位、设计单位、监理单位和施工单位多方共同形成。

第二节 监理管理资料（B1）

一、监理规划和监理实施细则

1. 监理规划

监理规划是监理单位在签订委托监理合同及收到设计文件后由总监理工程师主持、专业监理工程师参加编制的，经监理单位技术负责人审核批准，用来指导项目监理机构全面开展监理工作的纲领性文件。

监理规划是项目监理机构全面开展监理工作的具有可操作性的指导性文件，是监理单位的主管部门对监理单位进行检查了解、考核评判的依据资料之一，也是建设单位确认监理单位是否全面、认真履行监理合同的主要依据。

监理规划应包括以下几个方面的内容：
（1）工程项目概况；
（2）监理工作内容；
（3）监理工作范围；
（4）监理工作目标；
（5）监理工作依据；
（6）项目监理机构的组织形式；
（7）项目监理机构的人员配备计划；
（8）项目监理机构的人员岗位职责；
（9）监理工作程序；
（10）监理工作方法及措施；
（11）监理工作制度；
（12）监理设施。

2. 监理实施细则

监理实施细则是根据监理规划，在落实了各专业的监理责任后，针对工程项目中某一专业或某一方面开展监理工作的操作性文件。

监理实施细则应在相应工程施工开始前编制完成，由专业监理工程师编写，并经总监理工程师批准。监理实施细则一般应包括已批准的监理规划，与工程有关的设计和技术资料，以及施工组织设计等。

二、监理月报

监理月报是在工程施工过程中，监理单位就工程实施情况和监理工作，定期向建设单位所做的报告。

监理月报由总监理工程师组织专业监理工程师编制，签字确认后报送建设单位。

监理月报包含以下七个方面的内容：

(1) 工程概况，包括本月工程概况和本月施工基本情况等；
(2) 本月工程形象进度；
(3) 工程进度，包括本月实际完成情况与计划进度比较，对进度完成情况及采取措施效果的分析；
(4) 工程质量，包括本月工程质量分析，本月采取的工程质量措施及效果等；
(5) 工程计量与工程款支付，包括工程量审核情况，工程款审批情况及支付情况，工程款支付情况分析，本月采取的措施及效果等；
(6) 合同其他事项的处理及支付情况，包括工程变更、工程延期、费用索赔等；
(7) 本月监理工作小结，包括对本月进度、质量、工程款支付等方面情况的综合评价，本月监理工作情况，有关本工程的建议和意见，以及下月监理工作的重点等。

三、监理会议记录

在工程施工过程中，根据委托监理合同的管理范围，总监理工程师应根据实际情况定期或不定期主持召开监理会议，形成的会议记录要由监理单位负责起草，并经与会各方代表会签。

监理会议记录的主要内容包括：
(1) 会议地点及时间；
(2) 会议主持人；
(3) 与会人员姓名、单位、职务；
(4) 会议主要内容、议决事项及其负责落实单位、负责人和时限要求；
(5) 其他事项。

监理会议包括第一次工地会议、工地例会及专题会议等。

四、监理工作日志

监理工作日志是监理单位在监理工程的施工期间每日记录气象、施工情况、材料进场及使用情况、监理工作情况及其他相关事项的日记。

监理工作日志是监理资料中重要的组成部分，是监理单位完整的工程跟踪资料，是监理服务工作量和价值的体现，也是监理人员素质和技术水平的体现。

五、监理工作总结

监理工作总结是把一个时间段的监理工作情况进行一次全面系统的检查、评价、分析、研究等。

监理工作总结包括专题总结、月报总结、工程竣工总结及工程质量评估报告等。在各个阶段的监理工作结束时，监理单位应按要求编写监理工作总结提交给建设单位并归档。

六、工作联系单

监理单位和其他参建单位传递意见、建议、决定、通知等的工作联系时，可采用工作联系单（见表 3-2❶）。

工作联系单中应写明联系的事由和具体内容，并应由联系单位盖章，负责人签字。

当工作联系不需要回复时，应有签收记录，并应注明收件人的姓名、单位和接收日期，并由有关单位各保存一份。

视频
工作联系单填写

七、监理工程师通知单

监理工程师通知单是指监理单位认为在工程实施过程中需要将建设、设计、勘察、材料供应等各方应知的事项发出的监理文件（见表 3-3）。

监理工程师现场发出的口头指令及要求，也应采用此表，事后予以确认。

八、工程暂停令

工程暂停令是指施工过程发生了需要停工处理的事件，由总监理工程师签发的暂时停止施工的指令性文件（见表 3-4）。

发生下列情况的任意一种，总监理工程师应根据停工原因、影响范围，确定工程停工范围，签发工程暂停令，向承包单位下达工程暂停的指令：

(1) 在建设单位的要求下工程需要暂时停工；
(2) 出现工程质量问题，必须停工处理；
(3) 出现质量或安全隐患，为避免造成工程质量损失或危及人身安全而需要暂停施工；
(4) 承包单位未经许可擅自施工或拒绝项目监理部管理；
(5) 发生必须暂停施工的紧急事件。

第三节 进度控制资料（B2）

一、工程开工报审表

工程开工报审表内容应符合现行国家标准《建设工程监理规范》（GB 50319）的有关规定。

---

❶ 表 3-2～表 3-10 见本章第八节。

二、施工进度计划报审表

施工进度计划报审表内容应符合现行国家标准《建设工程监理规范》(GB 50319) 的有关规定。

第四节 质量控制资料（B3）

一、质量事故报告及处理资料

当发生工程质量事故时，监理单位应以书面报告的形式，经监理单位技术负责人签署意见后，上报至建设单位和建设行政主管部门。

书面报告的内容包括：

(1) 事故发生的时间、地点、工程名称、参建单位；
(2) 事故发生的简要经过、伤亡人数和直接经济损失；
(3) 事故发生的原因；
(4) 事故发生后采取的措施及事故控制情况；
(5) 事故的处理意见。

二、旁站监理记录

旁站监理是在工程项目实施过程中，项目监理人员在施工现场对施工单位的施工活动进行的跟踪监理，在旁站监理过程中形成的监理记录即为旁站监理记录（见表 3-5）。

旁站监理记录应包含以下几个方面的内容：

(1) 记录旁站监理的部位或工序名称，说明该部位是关键部位或关键工序；
(2) 旁站监理起止时间、地点、气候与环境；
(3) 旁站监理施工中执行规范、设计等的工作情况；
(4) 旁站监理工作中对所监理的关键部位、工序等的质量控制情况，对旁站监理系统的工程质量的总体评价；
(5) 旁站监理工作中发生的操作、工艺、质量等方面的问题；
(6) 旁站监理中有无突发性事故发生，提出了哪些解决方案；
(7) 旁站监理的工程质量结果如何；
(8) 其他内容。

旁站监理记录是监理工程师或总监理工程师依法行使其签字权的重要依据。旁站监理记录应及时、准确，内容完整、齐全，技术用语规范，文字简洁明了。旁站监理记录经监理工程师验收后应存档备查。旁站监理记录上的签字和盖章必须齐全，否则无效，不得代签和加盖手章。

三、见证取样和送检见证人员备案表

见证取样和送检是在工程监理单位人员或建设单位人员的见证下，由施工单位的现场试验人员对工程中涉及结构安全的试块、试件和材料在现场取样，并送至经省以上建设行政主管部门对其资质认可和省以上质量技术监督部门对其计量认证的当地建设工程质量检测机构进行检测（见表3-6）。

（1）见证员应按以下要求开展见证工作：

① 见证建筑材料取样和试件、试块制作全过程；

② 送检前在试样包装上签名并作好标记；

③ 监护试样送达检测单位，向检测单位收样员出示见证员证件；

④ 对不合格的试验结果作好记录，并及时上报项目总监和质监机构；

⑤ 对见证样品的代表性、真实性负责。

（2）取样员应按以下要求开展取样工作：

① 在见证员的见证下，按有关规范和标准制作和抽取试样；

② 送检前在试样包装上签名并作好标记；

③ 在见证员的监护下，将试样送到检测单位，向检测单位收样员出示取样员证件；

④ 对不合格试验结果作好记录，并及时上报项目负责人及项目技术负责人；

⑤ 对送检样品的代表性和真实性负责。

四、见证记录

见证人员应按见证取样和送检计划，对施工现场的取样和送检进行见证。取样人员应在试样或其包装上作出标识、标志。标识和标志应标明工程名称、取样部位、取样日期、样品名称和样品数量，并由见证人员和取样人员签字。

见证人员应作见证记录（见表3-7），并将见证记录归入施工技术档案。

见证记录在建筑工程质量控制管理中占有十分重要的位置。对于关键部位、关键工序的施工，若监理人员和承包单位现场质检人员未在见证记录上签字，则不能进行下一道工序的施工。

第五节 造价控制资料（B4）

一、工程款支付证书

工程款支付证书是监理单位在收到施工单位的工程款支付申请表后，根据承包合同和有关规定审查复核后签署的，用于建设单位应向施工单位支付工程款的证明文件，它是监理单位向建设单位转呈的支付证明书（见表3-8）。

工程款支付证书由监理单位根据施工单位提请报审的工程款支付申请表的审查结果填

写，内容应填写完整，文字简洁明了，其办理应及时、准确。工程款支付证书中监理单位必须加盖公章和总监理工程师签字，否则无效，不得代签和加盖手章。

二、费用索赔审批表

施工单位提出的索赔符合《建设工程监理规范》（GB 50319）所规定的条件时，总监理工程师应予以受理，并应与建设单位、施工单位进行协商，并签发费用索赔审批表（见表3-9）。

本表用于收到施工单位报送的《费用索赔申请表》后，工程项目监理部针对此项索赔事件，在全面调查了解、审核与评估后做出批复。

表中应详细说明同意或不同意该项索赔的理由，若同意索赔，则应写明同意支付的索赔金额及其计算方法。

1. 受理索赔的条件
（1）索赔事件给施工单位造成了直接经济损失。
（2）索赔事件是由于非施工单位的责任发生的。
（3）施工单位已按施工合同规定的期限和程序提出费用索赔申请表，并附有索赔凭证材料。

2. 索赔处理的依据
（1）国家相关的法律、法规和地方法规。
（2）国家、部门和地方有关的标准和规范。
（3）本工程的施工合同文件。
（4）施工合同履行过程中与索赔事件有关的凭证。

第六节 合同管理资料（B5）

一、委托监理合同

委托监理合同是建设单位聘请监理单位代替其对工程项目进行管理，明确双方权利、义务的协议。监理单位应将委托监理合同存档。

二、工程延期审批表

工程延期审批表是工程项目监理部接到承包单位报送的《工程临时延期申请表》后，对申报情况进行调查、审核与评估后，初步做出是否同意延期的批复（见表3-10）。

总监理工程师应在施工合同约定的期限内签发工程延期审批表，并依据施工合同中有关工期的约定及工期拖延和影响工期事件的事实和程度，影响工期事件对工期影响的量化程度来确定工程延期的时间。

本表由总监理工程师签发，签发前应征得建设单位的同意。

第七节 竣工验收资料（B6）

一、工程质量评估报告

工程质量评估报告一般应包括工程概况、质量评估依据、分部分项工程划分及质量评定、质量评估意见四部分。

工程质量评估报告由监理单位填写，报告中应对工程质量存在的问题逐条列出，每条内容填写时均可加附页。

工程质量的评估依据主要有以下几个方面：
（1）国家、地方现行有关建筑工程质量管理办法、规定等；
（2）建筑安装工程质量检验评定标准、施工验收规范及相应的国家、地方现行标准；
（3）设计文件等。

二、监理费用决算资料

工程监理费是指建设工程监理与相关服务的收费。

建设工程监理与相关服务是指监理人接受发包人的委托，提供建设工程项目施工阶段的质量、进度、费用控制管理和安全、合同、信息等方面协调管理服务，以及勘察、设计、设备监造、保修等阶段的相关工程服务。

当监理单位完成了委托监理合同里的全部服务内容后，建设单位应与监理对工程监理费进行结算，其结算的相关资料应归档。

三、监理资料移交书

工程完工后，监理单位应将整理好的监理资料向建设单位移交，并按要求填写监理资料移交书。

监理资料的移交应符合以下条件：
（1）工程完工，并具备竣工验收条件；
（2）除配合竣工结算审核、审计外，监理项目工作结束，无监理自身遗留问题；
（3）移交资料内容完整、真实，整理规范，符合相关要求。

第八节 本章表例（B）

表 B1-7 工作联系单

表 3-2 工作联系单（B.1.1[①]）

工程名称		编号	

致_____（单位）

事由：

内容：

单　位_____

负责人_____

日　期_____

[①] 本表出自《建筑工程资料管理规程》(JGJ/T 185—2009)，B.1.1 为规范中的编号，下同。

表 3-3　监理工程师通知单（B.1.2）

工程名称		编号	

致_____（施工总承包单位/专业承包单位）

事由：关于_____

内容：

附件：

监　理　单　位_____

总/专业监理工程师_____

日　　　　　　期_____

表 3-4 工程暂停令 (B.1.3)

| 工程名称 | | 编号 | |

致 _____(施工总承包单位/专业承包单位)

　　由于_____原因,现通知你方必须于_____年_____月_____日起,对本工程的_____部位(工序)实施暂停施工,并按要求做好下述各项工作:

监 理 单 位 _____

总监理工程师 _____

日　　　　期 _____

表 3-5　旁站监理记录（B.3.1）

工程名称				编号	
开始时间		结束时间		日期及天气	
监理的部位或工序：					
施工情况：					
监理情况：					
发现问题：					
处理结果：					
备注：					
监理单位名称：_____ 旁站监理人员（签字）：_____			施工单位名称：_____ 质检员（签字）：_____		

表 3-6　见证取样和送检见证人员备案表（B.3.2）

工程名称				编号	
质量监督站				日期	
检测单位					
施工总承包单位					
专业承包单位					
见证人员签字			见证取样和送检印章		
建设单位(章)			监理单位(章)		

表 3-7 见证记录 (B.3.3)

工程名称				编号	
样品名称			试件编号		取样数量
取样部位/地点				取样日期	
见证取样说明					
见证取样和送检印章					
签字栏	取样人员			见证人员	

表 3-8　工程款支付证书（B.4.1）

工程名称		编号	

致＿＿＿＿＿＿＿＿＿＿（建设单位）

　　根据施工合同＿＿＿＿＿＿＿＿＿＿条＿＿＿＿＿＿＿＿＿＿款的约定，经审核施工单位的支付申请及附件，并扣除有关款项，同意本期支付工程款共（大写）＿＿＿＿＿＿＿＿＿＿（小写：＿＿＿＿＿＿＿＿＿＿）。请按合同约定及时支付。

其中：

1. 施工单位申报款为：＿＿＿＿＿＿＿＿＿＿

2. 经审核施工单位应得款为：＿＿＿＿＿＿＿＿＿＿

3. 本期应扣款为：＿＿＿＿＿＿＿＿＿＿

4. 本期应付款为：＿＿＿＿＿＿＿＿＿＿

附件：

1. 施工单位的工程支付申请表及附件；
2. 项目监理机构审查记录。

监　理　单　位＿＿＿＿＿＿＿＿＿＿

总监理工程师＿＿＿＿＿＿＿＿＿＿

日　　　　期＿＿＿＿＿＿＿＿＿＿

表 3-9 费用索赔审批表（B.4.2）

工程名称			编号	

致_____(施工总承包/专业承包单位)

根据施工合同_____条_____款的约定,你方提出的_____费用索赔申请(第_____号),索赔(大写)_____元,经我方审核评估:

☐不同意此项索赔。

☐同意此项索赔,金额为(大写)_____元。

同意/不同意索赔的理由:

索赔金额的计算:

监理单位_____

总监理工程师_____

日　　期_____

表 3-10 工程延期审批表（B.5.1）

工程名称		编号	

致＿＿＿＿＿＿＿＿＿＿（施工总承包/专业承包单位）

根据施工合同＿＿＿＿＿＿＿＿＿＿条＿＿＿＿＿＿＿＿＿＿款的约定，我方对你方提出的＿＿＿＿＿＿＿＿＿＿工程延期申请（第＿＿＿＿＿＿＿＿＿＿号）要求延长工期＿＿＿＿＿＿＿＿＿＿日历天的要求，经过审核评估：

☐同意工期延长＿＿＿＿＿＿＿＿＿＿日历天。使竣工日期（包括已指令延长的工期）从原来的＿＿＿＿＿＿年＿＿＿＿＿＿月＿＿＿＿＿＿日延迟到＿＿＿＿＿＿年＿＿＿＿＿＿月＿＿＿＿＿＿日。请你方执行。

☐不同意延长工期，请按约定竣工日期组织施工。

说明：

监 理 单 位＿＿＿＿＿＿＿＿＿＿

总监理工程师＿＿＿＿＿＿＿＿＿＿

日　　　　期＿＿＿＿＿＿＿＿＿＿

习题

简答题

1. 监理管理资料都包含哪些文件资料,分别由哪些建设相关单位提供,应在哪些单位进行保存,如何保存?
2. 什么是监理规划,其主要包含哪些方面的内容?
3. 什么是监理月报,其主要包含哪些方面的内容?
4. 施工过程中出现哪些情况时,总监理工程师应签发工程暂停令?
5. 旁站监理记录的内容有哪些?
6. 见证员和取样员的工作要求有哪些?
7. 造价控制资料都包含哪些文件资料,分别由哪些建设相关单位提供,应在哪些单位进行保存,如何保存?
8. 受理索赔的条件和依据分别是什么?

第四章 施工资料（C类）

学习目标

- 了解施工资料的相关概念
- 掌握施工资料的来源及保存方式
- 熟悉施工管理资料的编制
- 熟悉施工技术资料的编制
- 熟悉进度造价资料的编制
- 熟悉施工物资资料的编制
- 熟悉施工记录的编制
- 熟悉施工试验及检测报告的编制
- 熟悉施工质量验收记录的编制
- 熟悉竣工验收资料的编制

能力目标

- 能够编制建筑工程施工资料
- 能够收集及整理建筑工程施工资料
- 能够对建筑工程施工资料进行归档

工程实施阶段施工资料形成图：

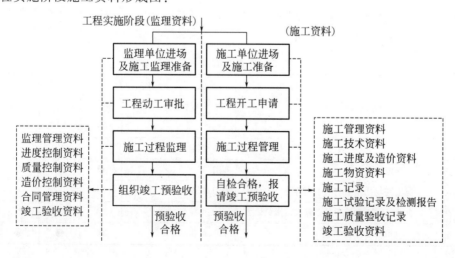

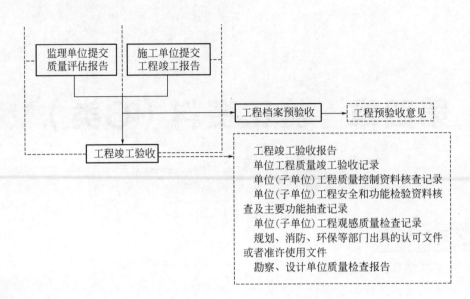

第一节 施工资料管理概述

一、施工资料概述

施工资料是建筑工程各类资料中最复杂也是最重要的资料。

一般来说,在施工过程中形成的业内资料,应按报验、报审程序,通过施工单位的有关部门审核后,再报送建设单位或监理单位进行审核认定。施工资料的报验、报审具有时限性的要求,与工程有关的各单位宜在合同中约定清楚报验、报审的时间及应该承担的责任。若无约定,施工资料的申报、审批应遵守国家和当地建设行政主管部门的有关规定,并不得影响正常施工。

二、施工资料的来源与保存

按照现行的《建筑工程资料管理规程》(JGJ/T 185—2009),施工文件的分类以及在不同单位的归档保存方式如表4-1所示。

表4-1 施工文件资料类别、来源及保存

工程资料类别		工程资料名称	工程资料来源	保存单位和期限			
				施工单位	监理单位	建设单位	城建档案馆
C		施工资料					
C1	施工管理资料	工程概况表	施工单位	●	●	●	●
		施工现场质量管理检查记录*	施工单位	○	○	●	●
		企业资质证书及相关专业人员岗位证书	施工单位	○	○	●	
		分包单位资质报审表*	施工单位	●	●	●	

第四章 施工资料（C类）

续表

工程资料类别		工程资料名称	工程资料来源	保存单位和期限			
				施工单位	监理单位	建设单位	城建档案馆
C1	施工管理资料	建设工程质量事故调查、勘察记录	调查单位	●	●	●	●
		建设工程质量事故报告书	调查单位	●	●	●	●
		施工检测计划	施工单位	○	○		
		见证记录*	监理单位	●	●		
		见证试验检测汇总表	施工单位	●	●		
		施工日志	施工单位	●			
		监理工程师通知回复单*	施工单位	○	○		
C2	施工技术资料	工程技术文件报审表*	施工单位	○	○		
		施工组织设计及施工方案	施工单位	○	○		
		危险性较大分部分项工程施工方案专家论证表	施工单位	○	○		
		技术交底记录	施工单位	○			
		图纸会审记录**	施工单位	●	●	●	●
		设计变更通知单**	设计单位	●	●	●	●
		工程洽商记录（技术核定单）**	施工单位	●	●	●	●
C3	进度造价资料	工程开工报审表*	施工单位	●	●	●	●
		工程复工报审表*	施工单位	●	●	●	
		施工进度计划报审表*	施工单位	○	○		
		施工进度计划	施工单位	●			
		人、机、料动态表	施工单位	●			
		工程延期申请表	施工单位	●	●	●	
		工程款支付申请表	施工单位	○		○	
		工程变更费用报审表*	施工单位	○	○	●	
		费用索赔申请表*	施工单位	○	○	●	
C4	施工物资资料	出厂质量证明文件及检测报告					
		砂、石、砖、水泥、钢筋、隔热保温、防腐材料、轻集料出厂质量证明文件	施工单位	●	●		●
		其他物资出厂合格证、质量保证书、检测报告和报关单或商检证等	施工单位	●	○	○	
		材料、设备的相关检验报告、型式检测报告、3C强制认证合格证书或3C标志	采购单位	●	●		
		主要设备、器具的安装使用说明书	采购单位	●	○	○	
		进口的主要材料设备的商检证明书	采购单位	●	○	●	●
		涉及消防、安全、卫生、环保、节能的材料、设备的检测报告或法定机构出具的有效证明文件	采购单位	●	●	●	
		进场检验通用表格					
		材料、构配件进场检验记录	施工单位	○	○		

续表

工程资料类别		工程资料名称	工程资料来源	保存单位和期限			
				施工单位	监理单位	建设单位	城建档案馆
C4	施工物资资料	设备开箱检验记录*	施工单位	○	○		
		设备及管道附件试验记录*	施工单位	●	○	●	
		进场复试报告					
		钢材试验报告	检测单位	●	●	●	●
		水泥试验报告	检测单位	●	●	●	●
		砂试验报告	检测单位	●	●	●	
		碎(卵)石试验报告	检测单位	●	●	●	
		外加剂试验报告	检测单位	●	●	○	●
		防水涂料试验报告	检测单位	●	○	●	
		防水卷材试验报告	检测单位	●	○	●	
		砖(砌块)试验报告	检测单位	●	●	●	
		预应力筋复试报告	检测单位	●	●	●	
		预应力锚具、夹具和连接器复试报告	检测单位	●	●	●	
		装饰装修用门窗复试报告	检测单位	●	○	●	
		装饰装修用人造木板复试报告	检测单位	●	○	●	
		装饰装修用花岗石复试报告	检测单位	●	○	●	
		装饰装修用安全玻璃复试报告	检测单位	●	○	●	
		装饰装修用外墙面砖复试报告	检测单位	●	○	●	
		钢结构用钢材复试报告	检测单位	●	●	●	●
		钢结构用防火涂料复试报告	检测单位	●	●	●	
		钢结构用焊接材料复试报告	检测单位	●	●	●	
		钢结构用高强度大六角头螺栓连接副复试报告	检测单位	●	●	●	
		钢结构用扭剪型高强螺栓连接副复试报告	检测单位	●	●	●	
		幕墙用铝塑板、石材、玻璃、结构胶复试报告	检测单位	●	●	●	
		散热器、采暖系统保温材料、通风与空调工程绝热材料、风机盘管机组、低压配电系统电缆的见证取样复试报告	检测单位	●	○	●	
		节能工程材料复试报告	检测单位	●	●	●	
C5	施工记录	通用表格					
		隐蔽工程验收记录*	施工单位	●	●	●	●
		施工检查记录	施工单位	○			
		交接检查记录	施工单位	○			
		专用表格					
		工程定位测量记录*	施工单位	●	●	●	●

续表

工程资料类别		工程资料名称	工程资料来源	保存单位和期限			
				施工单位	监理单位	建设单位	城建档案馆
C5	施工记录	基槽验线记录	施工单位	●	●	●	●
		楼层平面放线记录	施工单位	○	○		
		楼层标高抄测记录	施工单位	○	○		
		建筑物垂直度、标高观测记录*	施工单位	●	○	●	
		沉降观测记录	建设单位委托测量单位提供	●		●	●
		基坑支护水平位移监测记录	施工单位	○	○		
		桩基、支护测量放线记录	施工单位	○	○		
		地基验槽记录**	施工单位	●	●	●	●
		地基钎探记录	施工单位	○	○	●	●
		混凝土浇灌申请书	施工单位	○	○		
		预拌混凝土运输单	施工单位	○			
		混凝土开盘鉴定	施工单位	○	○		
		混凝土拆模申请单	施工单位	○			
		混凝土预拌测温记录	施工单位	○			
		混凝土养护测温记录	施工单位	○			
		大体积混凝土养护测温记录	施工单位	○			
		大型构件吊装记录	施工单位	○	○	●	●
		焊接材料烘焙记录	施工单位	○			
		地下工程防水效果检查记录*	施工单位	○	○	●	
		防水工程试水检查记录*	施工单位	○	○	●	
		通风(烟)道、垃圾道检查记录*	施工单位	○	○	●	
		预应力筋张拉记录	施工单位	●	○	●	●
		有粘接预应力结构灌浆记录	施工单位	●	○	●	
		钢结构施工记录	施工单位	●	○	●	
		网架(索膜)施工记录	施工单位	●	○	●	●
		木结构施工记录	施工单位	●	○	●	
		幕墙注胶检查记录	施工单位	●	○	●	
		自动扶梯、自动人行道的相邻区域检查记录	施工单位	●	○	●	
		电梯电气装置安装检查记录	施工单位	●	○	●	
		自动扶梯、自动人行道电气装置检查记录	施工单位	●	○	●	
		自动扶梯、自动人行道整机安装质量检查记录	施工单位	●	○	●	

续表

工程资料类别	工程资料名称	工程资料来源	保存单位和期限			
			施工单位	监理单位	建设单位	城建档案馆
	通用表格					
	设备单机试运转记录*	施工单位	●	○	●	●
	系统试运转调试记录*	施工单位	●	○	●	●
	接地电阻测试记录*	施工单位	●	○	●	●
	绝缘电阻测试记录*	施工单位	●	○	●	●
	专用表格					
	建筑与结构工程					
C6 施工试验记录及检测报告	锚杆试验报告	检测单位	●	○	●	●
	地基承载力检验报告	检测单位	●	○	●	●
	桩基检测报告	检测单位	●	○	●	●
	土工击实试验报告	检测单位	●	○	●	●
	回填土试验报告(应附图)	检测单位	●	○	●	●
	钢筋机械连接试验报告	检测单位	●	○	●	●
	钢筋焊接连接试验报告	检测单位	●	○	●	●
	砂浆配合比申请单、通知单	检测单位	○	○		
	砂浆抗压强度试验报告	检测单位	●	○	●	●
	砌筑砂浆试块强度统计、评定记录	施工单位	●		●	●
	混凝土配合比申请单、通知单	施工单位	○	○		
	混凝土抗压强度试验报告	检测单位	●	○	●	●
	混凝土试块强度统计、评定记录	施工单位	●		●	●
	混凝土抗渗试验报告	检测单位	●	○	●	●
	砂、石、水泥放射性指标报告	施工单位	●		●	●
	混凝土碱总量计算书	施工单位	●		●	●
	外墙饰面砖样板粘接强度试验报告	检测单位	●	○	●	●
	后置埋件抗拔试验报告	检测单位	●	○	●	●
	超声波探伤报告、探伤记录	检测单位	●	○	●	●
	钢构件射线探伤报告	检测单位	●	○	●	●
	磁粉探伤报告	检测单位	●	○	●	●
	高强度螺栓抗滑移系数检测报告	检测单位	●	○	●	●
	钢结构焊接工艺评定	检测单位	○	○		
	网架节点承载力试验报告	检测单位	●	○	●	●
	钢结构防腐、防火涂料厚度检测报告	检测单位	●	○	●	●
	木结构胶缝试验报告	检测单位	●	○	●	●
	木结构构件力学性能试验报告	检测单位	●	○	●	●
	木结构防护剂试验报告	检测单位	●	○	●	●

续表

工程资料类别		工程资料名称	工程资料来源	保存单位和期限			
				施工单位	监理单位	建设单位	城建档案馆
C6	施工试验记录及检测报告	幕墙双组分硅酮结构密封胶混匀性及拉断试验报告	检测单位	●	○	●	●
		幕墙的抗风压性能、空气渗透性能、雨水渗透性能及平面内变形性能检测报告	检测单位	●	○	●	●
		外门窗的抗风压性能、空气渗透性能和雨水渗透性能检测报告	检测单位	●	○	●	●
		墙体节能工程保温板材与基层粘接强度现场拉拔试验	检测单位	●	○	●	●
		外墙保温浆料同条件养护试件试验报告	检测单位	●	○	●	●
		结构实体混凝土强度检验记录*	施工单位	●	○	●	●
		结构实体钢筋保护层厚度检验记录*	施工单位	●	○	●	●
		围护结构现场实体检验	检测单位	●	○	●	●
		室内环境检测报告	检测单位	●	○	●	●
		节能性能检测报告	检测单位	●	○	●	●
		给排水及采暖工程					
		灌(满)水试验记录*	施工单位	○	○	●	
		强度严密性试验记录*	施工单位	●	○	●	●
		通水试验记录*	施工单位	○	○	●	
		冲(吹)洗试验记录*	施工单位	●	○	●	
		通球试验记录	施工单位	○	○	●	
		补偿器安装记录	施工单位	○	○	●	
		消火栓试射记录	施工单位	●	○	●	
		安全附件安装检查记录	施工单位	●	○	●	
		锅炉烘炉试验记录	施工单位	●	○	●	
		锅炉煮炉试验记录	施工单位	●	○	●	
		锅炉试运行记录	施工单位	●	○	●	
		安全阀定压合格证书	检测单位	●	○	●	
		自动喷水灭火系统联动试验记录	施工单位	●	○	●	●
		建筑电气工程					
		电气接地装置平面示意图表	施工单位	●	○	●	●
		电气器具通电安全检查记录	施工单位	○	○	●	
		电气设备空载试运行记录*	施工单位	●	○	●	
		建筑物照明通电试运行记录	施工单位	●	○	●	
		大型照明灯具承载试验记录*	施工单位	●	○	●	
		漏电开关模拟试验记录	施工单位	●	○	●	
		大容量电气线路结点测温记录	施工单位	●	○	●	
		低压配电电源质量测试记录	施工单位	●	○	●	

续表

工程资料类别		工程资料名称	工程资料来源	保存单位和期限			
				施工单位	监理单位	建设单位	城建档案馆
C6	施工试验记录及检测报告	建筑物照明系统照度测试记录	施工单位	○	○	●	
		智能建筑工程					
		综合布线测试记录*	施工单位	●	○	●	●
		光纤损耗测试记录*	施工单位	●	○	●	●
		视频系统末端测试记录*	施工单位	●	○	●	●
		子系统检测记录*	施工单位	●	○	●	●
		系统试运行记录*	施工单位	●	○	●	●
		通风与空调工程					
		风管漏光检测记录*	施工单位	○	○	●	
		风管漏风检测记录*	施工单位	●	○	●	
		现场组装除尘器、空调机漏风检测记录	施工单位	○	○	●	
		各房间室内风量测量记录	施工单位	●	○	●	
		管网风量平衡记录	施工单位	●	○	●	
		空调系统试运转调试记录	施工单位	●	○	●	●
		空调水系统试运转调试记录	施工单位	●	○	●	
		制冷系统气密性试验记录	施工单位	●	○	●	
		净化空调系统检测记录	施工单位	●	○	●	
		防排烟系统联合试运行记录	施工单位	●	○	●	●
		电梯工程					
		轿厢平层准确度测量记录	施工单位	○	○	●	
		电梯层门安全装置检测记录	施工单位	●	○	●	
		电梯电气安全装置检测记录	施工单位	●	○	●	
		电梯整机功能检测记录	施工单位	●	○	●	
		电梯主要功能检测记录	施工单位	●	○	●	
		电梯负荷运行试验记录	施工单位	●	○	●	●
		电梯负荷运行试验曲线图表	施工单位	●	○	●	
		电梯噪声测试记录	施工单位	○	○	○	
		自动扶梯、自动人行道安全装置检测记录	施工单位	●	○	●	
		自动扶梯、自动人行道整机性能、运行试验记录	施工单位	●	○	●	●
C7	施工质量验收记录	检验批质量验收记录*	施工单位	○	○		
		分项工程质量验收记录*	施工单位	●	●		
		分部(子分部)工程质量验收记录**	施工单位	●	●	●	●
		建筑节能分部工程质量验收记录**	施工单位	●	●	●	●
		自动喷水系统验收缺陷项目划分记录	施工单位	●	○	○	

续表

工程资料类别	工程资料名称		工程资料来源	保存单位和期限			
				施工单位	监理单位	建设单位	城建档案馆
C7	施工质量验收记录	程控电话交换系统分项工程质量验收记录	施工单位	●	○	●	
		会议电视系统分项工程质量验收记录	施工单位	●	○	●	
		卫星数字电视系统分项工程质量验收记录	施工单位	●	○	●	
		有线电视系统分项工程质量验收记录	施工单位	●	○	●	
		公共广播与紧急广播系统分项工程质量验收记录	施工单位	●	○	●	
		计算机网络系统分项工程质量验收记录	施工单位	●	○	●	
		应用软件系统分项工程质量验收记录	施工单位	●	○	●	
		网络安全系统分项工程质量验收记录	施工单位	●	○	●	
		空调与通风系统分项工程质量验收记录	施工单位	●	○	●	
		变配电系统分项工程质量验收记录	施工单位	●	○	●	
		公共照明系统分项工程质量验收记录	施工单位	●	○	●	
		给排水系统分项工程质量验收记录	施工单位	●	○	●	
		热源和热交换系统分项工程质量验收记录	施工单位	●	○	●	
		冷冻和冷却水系统分项工程质量验收记录	施工单位	●	○	●	
		电梯和自动扶梯系统分项工程验收记录	施工单位	●	○	●	
		数据通信接口分项工程质量验收记录	施工单位	●	○	●	
		中央管理工作站及操作分站分项工程质量验收记录	施工单位	●	○	●	
		系统实时性、可维护性、可靠性分项工程质量验收记录	施工单位	●	○	●	
		现场设备安装及检测分项工程质量验收记录	施工单位	●	○	●	
		火灾自动报警及消防联动系统分项工程质量验收记录	施工单位	●	○	●	
		综合防范功能分项工程质量验收记录	施工单位	●	○	●	
		视频安防监控系统分项工程质量验收记录	施工单位	●	○	●	
		入侵报警系统分项工程质量验收记录	施工单位	●	○	●	
		出入口控制(门禁)系统分项工程验收记录	施工单位	●	○	●	
		巡更管理系统分项工程质量验收记录	施工单位	●	○	●	
		停车场(库)管理系统分项工程质量验收记录	施工单位	●	○	●	
		安全防范综合管理系统分项工程验收记录	施工单位	●	○	●	
		综合布线系统安装分项工程质量验收记录	施工单位	●	○	●	

续表

工程资料类别		工程资料名称	工程资料来源	保存单位和期限			
				施工单位	监理单位	建设单位	城建档案馆
C7	施工质量验收记录	综合布线系统性能检测分析工程质量验收记录	施工单位	●	○	●	
		系统集成网络连接分项工程质量验收记录	施工单位	●	○	●	
		系统数据集成分项工程质量验收记录	施工单位	●	○	●	
		系统集成整体协调分项工程质量验收记录	施工单位	●	○	●	
		系统集成综合管理及冗余功能分项工程质量验收记录	施工单位	●	○	●	
		系统集成可维护性和安全性分项工程质量验收记录	施工单位	●	○	●	
		电源系统分项工程质量验收记录	施工单位	●	○	●	
C8	竣工验收资料	工程竣工报告	施工单位	●	●	●	●
		单位(子单位)工程竣工预验收报验表*	施工单位	●	●	●	
		单位(子单位)工程质量竣工验收记录**	施工单位	●	●	●	●
		单位(子单位)工程质量控制资料核查记录*	施工单位	●	●	●	●
		单位(子单位)工程安全和功能检验资料核查及主要功能抽查记录*	施工单位	●	●	●	●
		单位(子单位)工程观感质量检查记录**	施工单位	●	●	●	●
		施工决算资料	施工单位	○	○	●	
		施工资料移交书	施工单位	●		●	
		房屋建筑工程质量保修书	施工单位	●	●	●	
C类其他资料							

注：1. 表中"●"表示"归档保存"；"○"表示"过程保存"，是否归档保存可自行确定。
2. 表中标注"＊"的资料，宜由施工单位和监理或建设单位共同形成；表中标注"＊＊"的资料，宜由建设单位、设计单位、监理单位和施工单位多方共同形成。

第二节 施工管理资料（C1）

一、工程概况表

工程概况表是对工程基本情况的简要概述，包括单位工程的一般情况、构造特征、机电系统等（见表4-2[1]）。

一般情况包括：工程名称、建筑用途、建筑地点、建设单位、监理单位、施工单位、建

---

[1] 表4-2～表4-60见本章第十节。

筑面积、结构类型和建筑层数等。

构造特征包括：地基与基础、柱、内外墙、梁、板、楼盖、内外墙装饰、屋面构造、防火设备等。

机电系统是指工程包括的机电各系统名称。

除此之外，还应注明一些需要特殊说明的内容。

二、施工现场质量管理检查记录

视频 施工现场质量管理检查记录

施工现场质量管理检查记录是对健全质量管理体系的具体要求，凡是在建的建筑工程在开工前都要做施工现场质量管理检查记录（见表4-3）。

施工现场质量管理检查记录由施工单位填写，监理单位的总监理工程师进行检查，并写出检查结论。

三、企业资质证书及相关人员岗位证书

施工单位承揽工程项目时，必须满足相应的资质要求，其项目经理及关键技术岗位的专业人员也必须具备上岗资格。

施工单位的企业资质证书复印件、项目经理执业资格证书复印件及专业人员的上岗证书复印件均需存档。

四、分包单位资质报审表

分包单位资质报审表是施工总承包单位实施工程分包时，提请监理单位对其分包单位资质进行审查确认，因此，总承包单位在选定某一分包单位后应填写《分包单位资质报审表》报监理单位审查（见表4-4）。

分包单位资质审查的内容主要有：①分包单位是否具有营业执照、资质等级证书、安全生产许可证，以及特殊行业施工许可证等；②分包单位是否具有与拟分包工程的类似工程的施工业绩；③拟分包工程的内容和范围是否超出资质证书中核定的内容和范围；④管理人员和特种作业人员资格证和上岗证是否合法有效。

监理单位对审查不合格的分包单位应予以否决，指令施工单位另外选择分包单位并重新审查。若施工合同中已明确施工单位，施工单位可不再对分包单位资质进行报审。

该表由施工单位填报，加盖公章并经项目经理签字，经专业监理工程师审核，符合要求后签字，由总监理工程师最终审核并签字，加盖监理单位公章。

五、建设工程质量事故调查、勘查记录

建设工程质量事故是指在工程建设过程中或在交付使用后，由于建设、勘察、设计、施工、监理等单位违反工程质量有关法律法规和工程建设标准，使工程产生结构安全、重要使用功能方面的缺陷，造成人身伤亡或者重大经济损失的事故。

建设行政主管部门应按照有关人民政府的授权和委托,组织或参与事故调查组对事故进行调查。工程质量事故调查组应对质量事故的调（勘）查及处理情况,形成建设工程质量事故调查、勘查记录（见表4-5）,并存档。

六、建设工程质量事故报告书

建设工程质量事故报告书应包括以下内容:事故发生的时间、地点,以及当前的伤亡情况、事故简要情况及事故原因的判断、损失金额,事故发生后采取的措施及事故控制情况,处理办法,直接责任者与职务,处理后复查意见。

七、施工检测计划

施工单位应编制工程项目的施工检测计划报送监理单位,由监理工程师给出审批意见后存档。

施工检测计划的内容包括该工程的工程概况、编制依据及说明、人员配备及检测取样要求、试验方案、检测试验计划,以及其他需要说明的问题。

施工检测计划应内容齐全、步骤清晰、层次分明。计划编制要及时,应在施工前完成并报审通过,计划的参与人员应在会签表上签字,交项目经理签署意见并签字,报监理单位审批。

八、见证试验检测汇总表

见证试验检测汇总表是指核查用于工程的各种材料和预制构件的见证试验检测,通过汇总达到检查的目的（见表4-6）。

施工过程中所采用的所有材料和预制构件的见证试验检测全部汇总,不得缺漏,并按工程进度的顺序进行汇总。

九、施工日志

施工日志是施工过程中由管理人员对有关工程施工、技术管理、质量管理活动及其效果逐日做出的具有连续完整性的记录（见表4-7）。

施工日志贯穿整个施工过程。其内容主要包括:

(1) 工程开、竣工日期,主要分部、分项工程的施工起止日期,以及技术资料的提供情况。

(2) 工程准备工作的记录,包括现场准备、施工组织设计学习、技术交底的重要内容及交底的人员、日期,施工图纸中的关键部位等重要问题。

(3) 进入施工后对班组抽检活动的开展情况及其效果、组织互检和交接检的情况,施工组织设计及技术交底的执行情况的记录和分析。

(4) 分项工程的质量评定,质量检查隐蔽工程验收、上级组织的各项检查等技术活动的日期、结果,存在的问题及处理情况记录。

(5) 有关领导或部门对工程所做的生产、技术方面的决定或建议。

（6）新工艺、新材料的推广使用情况。

（7）原材料的检验结果、施工检验结果的记录，包括检验日期、检验内容、达到的效果及未达到要求的处理情况及结论。

（8）质量、安全、机械事故的记录，包括原因、调查分析、责任人、研究情况以及处理结论等，对人员伤亡、经济损失等的记录。

（9）有关洽商、变更情况，交代的方法、对象、结果的记录。

（10）有关归档资料的转交时间、对象以及主要内容的记录。

（11）气候、气温、地质以及其他特殊情况。

十、监理工程师通知回复单

监理工程师通知回复单是施工单位在接到监理工程师通知后，对通知内容所进行的严肃回应（见表 4-8）。

施工单位接到监理单位发来的监理工程师通知后，应认真依据指令所提要求进行整改，填写监理工程师通知回复单，将整改结果向监理单位汇报，请监理工程师复验。回复内容应重点说明整改措施和预防措施。

监理单位在接到监理工程师通知回复单后，应及时派出专业监理工程师对有关问题部位进行复查，并根据复查结果签署意见。文件经总监理工程师签字确认后生效。

第三节 施工技术资料（C2）

一、工程技术文件报审表

施工单位向监理单位报送的工程技术文件（如施工组织设计、施工方案、质量处理措施、技术核定单等），应按规定填写工程技术文件报审表（见表 4-9）。

二、施工方案

施工方案是指施工单位开工前为工程所做的施工组织、施工工艺、施工计划等方面的设计，是指导拟建工程全过程中各项活动的技术、经济和组织的综合性文件。

三、危险性较大分部分项工程施工方案专家论证表

危险性较大分部分项工程应当在施工前单独编制专项施工方案，超过一定规模的危险性较大的分部分项工程施工方案，还应由专家进行论证（见表 4-10）。

建质〔2009〕87 号

专项方案经论证后，专家组应当提交论证报告，对论证的内容提出明确的意见，并在论证报告上签字。该报告作为专项方案修改完善的指导意见。

专项方案经论证后需做重大修改的,施工单位应当按照论证报告修改,并重新组织专家进行论证。

施工单位应当严格按照专项方案组织施工,不得擅自修改、调整专项方案。如因设计、结构、外部环境等因素发生变化确需修改的,修改后的专项方案应当按《危险性较大的分部分项工程安全管理办法》(建质〔2009〕87号)文件第八条重新审核。对于超过一定规模的危险性较大工程的专项方案,施工单位应当重新组织专家进行论证。

四、技术交底记录

技术交底是指施工企业进行技术、质量管理的一项重要环节,是把设计要求、施工措施、安全生产贯彻到基层的一项管理办法,技术交底应形成技术交底记录并存档(见表4-11)。

视频 技术交底记录

五、图纸会审记录

图纸会审记录是对设计文件进行审查和会审,对提出的问题予以记录的技术文件(见表4-12)。

视频 图纸会审记录

六、设计变更通知单

设计变更通知单是在设计施工过程中,由于设计图纸本身的问题、设计图纸与实际情况不符,施工条件变化,原材料的规格、品种、质量不符合设计要求,以及有关人员提出的合理化建议等原因,需要对设计图纸部分内容进行修改而办理的变更设计文件(见表4-13)。

七、工程洽商记录(技术核定单)

建设单位、监理单位以及施工单位在工程施工过程中,对涉及施工技术、工程造价、施工进度等方面问题提出合理化建议,需对施工图进行修改时,提出方和设计单位应与其他各方协商取得一致意见,对施工图按程序进行修改,并以工程洽商记录的形式经各方签字后存档(见表4-14)。

视频 工程洽商记录

第四节 进度造价资料(C3)

一、工程开工报审表

施工单位应在合同约定的开工日期前7天填报工程开工报审表和有关资料,总监理工程师对其申报资料进行审核并征得建设单位同意后签发(见表4-15)。

施工单位在编写工程开工报告时应确保已满足下列条件：
(1) 施工许可证已获政府主管部门批准，并已签发《建设工程施工许可证》。
(2) 征地拆迁工作能够满足工程施工进度的需要。
(3) 施工图纸及有关设计文件已齐备。
(4) 施工组织设计已经监理机构审定并经监理工程师批准。
(5) 施工现场的场地、道路、水、电、通信和临时设施已满足开工要求，地下障碍已查明。
(6) 测量控制桩已经项目监理机构复查合格。
(7) 施工、管理人员已按设计要求到位，相应的组织机构和制度已经建立，施工设备等已按需要到场，主要材料供应已落实。

整个项目一次开工只填报一次，若工程项目中含有多个单位工程且开工时间不同，则每个单位工程都应填报一次。

二、工程复工报审表

对停止施工的工程，在工程暂停因素消除后，施工单位应填报工程复工报审表，总监理工程师核查后签署审批意见（见表 4-16）。

若工程暂停是由于非施工单位的原因引起的，应说明引起停工的因素已经消除，具备复工条件，总监理工程师只需审查确认这些因素已经消除，便可签发本表。

若工程暂停是由于施工单位的原因引起的，则应说明施工单位已对这些问题提出整改措施并进行整改，引起停工的原因已消除，总监理工程师应重点审查整改措施是否正确有效，确认承包单位在采取这些措施后不会再发生类似的问题，方可签发本表。

三、施工进度计划报审表

施工进度计划报审表是由施工单位根据已批准的施工总进度计划，按施工合同约定或监理工程师的要求而编制的施工进度计划，报送监理单位审查、确认和批准的资料（见表 4-17）。

施工单位提请施工进度计划报审表时，所提供的附件应齐全真实，对任何不符合附件要求的资料，施工单位不得提请报审，监理单位不得签发报审表。

视频 施工进度计划报审表

若需调整进度计划，应在原有计划已不适应实际情况，为确保进度控制目标的实现，需要制订新的计划目标的情况下，对原计划进行调整。

四、施工进度计划

施工进度计划是施工组织设计的中心内容，是建设工程按合同约定的期限交付使用的保证，施工中的其他工作必须围绕着并适应施工进度计划的要求安排。

施工进度计划由施工单位负责编制，经监理单位审核合格后实施，并应存档。

五、人、机、料动态表

施工单位应定期向监理单位上报工程施工所需的劳动力、机械设备、主要材料的使用情况，并填报人、机、料动态表，由监理单位进行核查（见表 4-18）。

除此之外，在主要施工设备进场调试合格后、开始使用前也应该填写本表报监理单位，其安检资料及计量设备检定资料应作为本表的附件，由监理单位留存备案。

六、工程延期申请表

工程发生延期事件时，施工单位在合同约定的期限内，向项目监理部提交《工程延期申请表》，在项目监理部最终评估出延期天数并与建设单位协商一致后，由总监理工程师给予批复（见表 4-19）。

七、工程款支付申请表

工程款支付申请表是施工单位根据施工合同中有关工程款支付约定的条款，向监理单位申请支付工程预付款、工程进度款的资料（见表 4-20）。

视频 工程进度款申请表

八、工程变更费用报审表

在施工过程中，会有因工程变更发生费用变化的情况，施工单位应就所发生的费用变更填报工程变更费用报审表，上报监理单位，总监理工程师应组织专业监理工程师对表中费用的计算进行审查（见表 4-21）。

九、费用索赔申请表

费用索赔申请表是施工单位向建设单位提出费用索赔的事项，报送监理单位审查、确认和批复的资料（见表 4-22）。

第五节 施工物资资料（C4）

一、材料、构配件进场检验记录

施工单位应组织对拟进场的物资（原材料、构配件等）进行自检，并按相关规定进行抽样检测，确认合格后填写工程物资进场报验单，连同其出厂合格证、质量保证书、复试报告等一并报专业监理工程师进行质量认可（见表 4-23）。

二、设备开箱检验记录

该表用于设备到货后,由业主、供货商、施工单位、监理单位以及物资部门的代表共同进行开箱检验,对设备的名称、规格、数量以及完好情况进行外观检查,并做详细的记录(见表4-24)。

三、设备及管道附件试验记录

设备、阀门、密闭水箱、风机盘管以及散热设备在安装前按规定进行试验时,均应填写设备及管道附件试验记录(见表4-25)。

施工单位在填写该表时应一式三份,由建设单位、监理单位和施工单位各存一份。

第六节 施工记录(C5)

一、隐蔽工程验收记录

在施工过程中,上一道工序完成的工程部位即将被下一道工序掩盖,掩盖后难以检查其材料是否符合规定、施工是否规范、质量是否符合要求,只有经过破坏才能进行复查,这样的工程部位称为隐蔽工程(见表4-26)。

视频 隐蔽工程验收记录

所有隐蔽工程项目均应在隐蔽前进行检查并填写隐蔽工程验收记录。

二、施工检查记录

施工单位对工程项目重要施工环节和步骤进行自检时应填写施工检查记录。该记录主要包括检查依据、检查内容和检查结论。其中,应对检查内容作详细的描述,如施工内容、施工部位、使用材料或构配件、施工方法、作业时间以及施工情况等(见表4-27)。

三、交接检查记录

不同施工单位进行工序衔接时,应进行交接检查并填写交接检查记录(见表4-28)。

移交工程由移交单位、接收单位和见证单位共同进行交接检查验收,由三方签字确认并存档。如果工序交接发生在总包单位与分包单位之间,可以由监理单位做见证单位;如果工序交接发生在外部单位与施工单位之间,则由监理单位或建设单位做见证单位。

四、工程定位测量记录

工程定位测量放线，是指施工单位根据建设单位提供的放线成果、红线桩及建筑物控制网、设计总平面图及水准点，对工程进行的准确测量定位。

工程定位测量是指在单位工程开工前，施工单位根据当地行政主管部门给定总图范围内的工程建筑物的位置和标高进行测量，以确保建筑物的位置和标高正确。

视频 工程定位测量记录

施工单位应根据规划部门提供的坐标点、施工总平面图及设计要求，组织有工程测量放线经验的人员从事测量放线工作。在反复检查、核对无误后，填表报监理工程师审查。工程定位测量记录见表4-29。

五、基槽验线记录

施工单位应根据工程技术人员的书面技术交底，由工程测量定位桩测放出基槽上口开挖线或护坡桩位置线。在开挖过程中，测量员必须对轴线、断面尺寸、高程、坡度、基槽下口线、人工清底厚度、槽底工作面宽度等进行实时监控。基槽验线就是对基槽的尺寸进行复核，检验基坑尺寸是否符合图纸要求。

施工单位填写基槽验线记录并经相关人员签字后，报请监理验线。

六、楼层平面放线记录

施工单位依据施工图纸，将楼层的轴线、门窗洞口的位置线、框架柱或剪力墙的边线及控制线等测放在楼板上称为楼层平面放线。

施工单位应将放线结果填入楼层平面放线记录中，报监理单位验核，由专业监理工程师签字确认后存档。

七、建筑物垂直度、标高观测记录

建筑物每层主体结构浇筑完成后，施工单位应对建筑物的垂直度、标高进行检测，根据测量数据限制每个自然层高的偏差，从而限制建筑物总高的偏差。

施工单位对建筑物垂直度及标高进行检测，并写入建筑物垂直度、标高观测记录中（见表4-30），经监理单位报验并存档。

八、地基验槽记录

地基土是建筑物的基石，认真地进行地基验槽，及时发现并慎重处理好地基施工中出现的问题，是保证地基土符合设计要求的一项重要措施。

视频 地基验槽记录

地基验槽的内容主要有：土质情况、标高、槽宽、放坡情况，地基处理情况应附有洽商记录。

如验槽中出现问题，必须按处理意见及工程洽商对地基进行处理。处理后对地基进行复验，复试合格后再进行工程签证（见表4-31）。

九、地下工程防水效果检查记录

地下防水工程应按设计规定的防水等级，制定防水施工技术方案，进行防水施工及质量控制。防水施工完成后，应进行防水效果检查，以确保防水工程的安全及使用功能。

施工单位应填写地下工程防水效果检查记录（见表4-32），报监理单位审核，经专业监理工程师签字认可后，与结构工程展开图一并存档。

十、防水工程试水检查记录

屋面工程完工后，应对细部结构、接缝处和保护层进行雨期观察或淋水、蓄水检查。

施工单位负责填写防水工程试水检查记录（见表4-33），报送监理单位审核，经专业监理工程师签字确认后存档。防水工程试水检查记录应符合《建筑地面工程施工质量验收规范》和《屋面工程施工质量验收规范》等国家标准的相关规定。

十一、通风（烟）道、垃圾道检查记录

因涉及使用功能和安全，施工单位应对建筑物中所有通风（烟）道进行安装，并进行通（抽）风、漏风、串风试验，对垃圾道进行畅通情况检查。

施工单位填写的通风（烟）道、垃圾道检查记录应报监理单位审核，经专业监理工程师签字确认后存档（见表4-34）。

第七节 施工试验记录及检测报告（C6）

一、设备单机试运转记录

施工单位填写的设备单机试运转记录应符合现行的《建筑给排水及采暖工程施工质量验收规范》《通风与空调施工质量验收规范》《建筑节能工程施工质量验收规范》等国家标准的相关规定。

设备单机试运转记录应一式四份，由建设单位、监理单位、施工单位、城建档案馆各保存一份（见表4-35）。

二、系统试运转调试记录

施工单位填写的系统试运转调试记录应符合现行的《建筑给排水及采暖工程施工质量验收规范》《通风与空调施工质量验收规范》《建筑节能工程施工质量验收规范》等国家标准的相关规定。

系统试运转调试记录应一式四份，由建设单位、监理单位、施工单位、城建档案馆各保存一份（见表4-36）。

三、接地电阻测试记录

施工单位填写的接地电阻测试记录应符合现行的《建筑电气工程施工质量验收规范》《智能建筑工程质量验收规范》《电梯工程施工质量验收规范》等国家标准的相关规定。

接地电阻测试记录应一式四份，由建设单位、监理单位、施工单位、城建档案馆各保存一份（见表4-37）。

四、绝缘电阻测试记录

施工单位填写的绝缘电阻测试记录应符合现行的《建筑电气工程施工质量验收规范》《智能建筑工程质量验收规范》《电梯工程施工质量验收规范》等国家标准的相关规定。

绝缘电阻测试记录应一式四份，由建设单位、监理单位、施工单位、城建档案馆各保存一份（见表4-38）。

五、砌筑砂浆试块强度统计、评定记录

砌筑砂浆试块强度统计、评定记录是对单位工程砌筑砂浆强度进行综合核查的评定用表（见表4-39）。它既是砌筑砂浆抗压强度试验报告的汇总表，也是单位工程评定砌筑砂浆强度是否符合设计要求的核查记录。

砌筑砂浆抗压强度试验报告应全部汇总，不得遗漏。汇总时，应按工程进度（即时间顺序）进行统计汇总。对于不同设计强度等级、不同部位、不同种类砂浆，应分别汇总、评定。

六、混凝土试块强度统计、评定记录

混凝土试块强度统计、评定记录是对单位工程混凝土强度进行综合核查的评定表（见表4-40）。它既是混凝土抗压强度试验报告的汇总表，也是单位工程评定混凝土强度是否符合设计要求的核查记录。

混凝土抗压强度试验报告要全部汇总，不得遗漏。汇总时，应按工程进度进行统计汇总。

七、结构实体混凝土强度检验记录

施工单位应对涉及混凝土结构安全的重要部位进行结构实体检验，其内容包括：混凝土强度、钢筋保护层，以及合同约定的其他项目。

对结构实体混凝土强度的检验，应以在混凝土浇筑地点制备并与结构实体同条件养护的试件强度为依据，如果同条件养护试件强度被判定为不合格，应委托具有相应资质等级的检测机构按国家有关标准进行检测。结构实体混凝土强度检验记录见表4-41。

八、结构实体钢筋保护层厚度检验记录

施工单位应在混凝土结构施工以前根据设计图纸的结构情况，制定结构实体钢筋保护层厚度检验方案。

钢筋保护层厚度检验的结构部位，应由监理单位、建设单位、施工单位等各方根据结构构件的重要性共同选定，即结构实体钢筋保护层厚度的检验必须实现见证取样检测。

检测单位必须出具钢筋保护层厚度检测报告，施工单位根据钢筋保护层厚度检测报告填写结构实体钢筋保护层厚度检验记录并存档（见表4-42）。

其他试验、检测记录见表4-43～表4-51。

第八节 施工质量验收记录（C7）

一、检验批质量验收记录

检验批是施工过程中条件相同并有一定数量的材料、构配件或安装项目。检验批是工程质量验收的最小单位，是分项工程乃至整个建筑工程质量验收的基础。

检验批的主控项目包括重要原材料、成品、半成品、设备及附件的材质证明或检（试）验报告；结构强度、刚度等检验数据，工程质量性能检测。检验批的一般项目是指允许有一定的偏差或缺陷，以及一些无法定量的项目（见表4-52）。

二、分项工程质量验收记录

分项工程质量验收是在检验批质量验收合格的基础上进行，没有实质性的验收内容，通常起归纳整理的作用。

分项工程质量验收由监理工程师组织项目专业技术负责人等相关人员进行。监理单位的专业监理工程师或建设单位项目专业技术负责人应逐项审查，并注明验收和不验收的意见，同意验收则签字确认，否则应指出问题，明确处理意见和完成时间（见表4-53）。

三、分部工程质量验收记录

分部工程质量验收是在分项工程质量进行检查验收后，对有关工程质量控制资料、安全及功能检验和抽样检测的结果等资料进行核查，以及对观感质量进行评价。验收记录见表4-54。

视频 分部（子分部）
工程质量验收记录

分部工程质量验收包括以下4个方面的内容：
（1）分项工程质量验收；
（2）质量控制资料的核查；
（3）安全和功能检验（检测）报告的核查；
（4）观感质量验收。

参与验收的工程建设责任单位的有关人员均应签字确认，并加盖公章。其中，勘察单位项目负责人可只签认地基基础分部工程；设计单位项目负责人可只签认地基基础分部、主体结构及重要安装分部工程。

四、建筑节能分部工程质量验收记录

建筑节能分部工程质量验收应在各检验批、各分项工程全部质量验收合格的基础上，有关质量责任主体确认建筑节能工程质量达到验收条件后进行。验收记录见表4-55。

建筑节能分部工程质量验收前，相关技术资料应齐全，设计文件和合同约定的节能工程全部施工完毕。质量验收合格后，相关技术资料应及时归档。

建筑节能分部工程验收应重点检查以下内容：
（1）验收范围、施工完成工作量与施工图纸设计和合同约定是否相符。
（2）实体质量、观感质量与施工图设计文件和施工验收规范是否相符。
（3）住宅工程节能指标与公示内容是否相符。

第九节 竣工验收资料（C8）

一、单位（子单位）工程竣工验收报验表

工程完工后，施工单位应向监理单位提出对该工程项目进行验收的申请，同时提交单位工程竣工预验收报验表，总监理工程师组织专业监理工程师对施工单位申报的竣工验收资料进行审核后，组织项目监理人员根据有关规定与施工单位共同对工程质量进行检查验收，验收合格后，总监理工程师签署单位工程预验收报验表，报告建设单位并编写工程质量评估报告（见表4-56）。

二、单位（子单位）工程质量竣工验收记录

单位（子单位）工程由建设单位负责人组织施工单位、设计单位、监理单位的项目负责人进行验收。

验收记录（栏）由施工单位填写，验收结论（栏）由监理（建设）单位填写。综合验收结论应对工程质量是否符合设计和规范要求及总体质量水平做出评价，综合验收结论由参加验收各方共同商定后，再由建设单位填写（见表4-57）。

视频 单位工程质量
竣工验收记录

三、单位（子单位）工程质量控制资料核查记录

工程质量控制资料核查应按项目分别进行。施工单位应先将资料分项目整理成册，每个项目按层次核查，并判断其能否满足规范要求（见表4-58）。

四、单位（子单位）工程安全和功能检验资料核查及主要功能抽查记录

单位（子单位）工程安全和功能检验资料核查及主要功能抽查由施工单位检验合格，再交监理单位验收。由总监理工程师或建设单位项目负责人组织专业监理工程师核查、抽查，施工单位项目经理、技术负责人参加。记录见表4-59。

视频 安全和功能
核查记录

五、单位（子单位）工程观感质量检查记录

单位工程观感质量检查评价，实际上是复查各分部（子分部）工程验收后到单位工程竣工时的质量变化，以及分部（子分部）工程验收时还没有进行的观感质量验收。由施工单位检验合格，交监理单位验收。

观感质量检查记录由总包单位项目经理和总监理工程师或建设单位项目负责人签字，并加盖印章（见表4-60）。

视频 单位工程观感
质量验收记录

第十节 本章表例（C）

表 4-2 工程概况表（C.1.1[①]）

	工程名称		编号	
一般情况	建设单位			
	建筑用途		设计单位	
	建筑地点		勘察单位	
	建筑面积		监理单位	
	工期		施工单位	
	计划开工日期		计划竣工日期	
	结构类型		基础类型	
	层次		建筑檐高	
	地上面积		地下面积	
	人防等级		抗震等级	
构造特征	地基与基础			
	柱、内外墙			
	梁、板、楼盖			
	外墙装饰			
	内墙装饰			
	楼地面装饰			
	层面构造			
	防火设备			
	机电系统名称			
	其他			

[①]本表出自《建筑工程资料管理规程》（JGJ/T 185—2009），C.1.1为规范中的编号，下同。

表 4-3 施工现场质量管理检查记录（C.1.2）

工程名称			施工许可证(开工证)		编号	
建设单位				项目负责人		
设计单位				项目负责人		
勘察单位				项目负责人		
监理单位				总监理工程师		
施工单位		项目经理		项目技术负责人		
序号	项 目			内 容		
1	现场质量管理制度					
2	质量责任制					
3	主要专业工种操作上岗证书					
4	专业承包单位资质管理制度					
5	施工图审查情况					
6	地质勘察资料					
7	施工组织设计编制及审批					
8	施工技术标准					
9	工程质量检验制度					
10	混凝土搅拌站及计量设置					
11	现场材料、设备存放与管理制度					
12						

检查结论：

　　总监理工程师
（建设单位项目负责人）　　　　　　　　　　　　　　　　　　　　　　　　年　月　日

表 C1-2 施工现场质量管理检查记录

表 4-4 分包单位资质报审表（C.1.3）

工程名称		施工编号	
		监理编号	
		日期	

致＿＿＿＿＿＿＿＿＿（监理单位）

　　经考察，我方认为拟选择的＿＿＿＿＿＿＿＿＿（专业承包单位）具有承担下列工程的施工资质和施工能力，可以保证本工程项目按合同的约定进行施工。分包后，我方仍然承担总包单位的责任。请予以审查和批准。

　　附：1.□分包单位资质材料
　　　　2.□分包单位业绩材料
　　　　3.□中标通知书

分包工程名称(部位)	工程量	分包工程合同额	备注
合计			

施工总承包单位(章)＿＿＿＿＿＿

项目经理＿＿＿＿＿＿

专业监理工程师审查意见：

专业监理工程师＿＿＿＿＿＿

日　期＿＿＿＿＿＿

总监理工程师审查意见：

监理单位＿＿＿＿＿＿

总监理工程师＿＿＿＿＿＿

日　期＿＿＿＿＿＿

表 4-5 建设工程质量事故调查、勘查记录（C.1.4）

工程名称		编号	
		日期	
调(勘)查时间	年 月 日 时 分至 时 分		
调(勘)查地点			
参加人员	单位	姓名	职务	电话
被调查人				
陪同调(勘)查人员				
调(勘)查笔录				
现场证物照片	□有 □无 共 张 共 页			
事故证据资料	□有 □无 共 条 共 页			
被调查人签字		调(勘)查人签字		

表 4-6 见证试验检测汇总表 (C.1.5)

工程名称			编号	
			填表日期	
建设单位			检测单位	
监理单位			见证人员	
施工单位			取样人员	
试验项目	应试验组/次数	见证试验组/次数	不合格次数	备注
制表人（签字）				

表 4-7 施工日志（C.1.6）

工程名称			编号	
			日期	
施工单位				
天气状况		风力	最高/最低温度	

施工情况记录：(施工部位、施工内容、机械使用情况、劳动力情况、施工中存在问题等)

技术、质量、安全工作记录：(技术、质量安全活动、检查验收、技术质量安全问题等)

记录人（签字）	

表 4-8 监理工程师通知回复单 (C.1.7)

工程名称		施工编号	
		监理编号	
		日期	

致：＿＿＿＿＿＿＿＿＿＿（监理单位）

　　我方接到编号为＿＿＿＿＿＿＿的监理工程师通知后，已按要求完成了＿＿＿＿＿＿＿工作，现报上，请予以复查。

　　详细内容：

专业承包单位＿＿＿＿＿＿＿＿＿项目经理/责任人＿＿＿＿＿＿＿＿＿

施工总承包单位＿＿＿＿＿＿＿＿项目经理/责任人＿＿＿＿＿＿＿＿＿

复查意见：

监理单位＿＿＿＿＿＿＿＿＿

总/专业监理工程师＿＿＿＿＿＿＿＿＿

日　期＿＿＿＿＿＿＿＿＿

表 4-9 工程技术文件报审表（C.2.1）

工程名称		施工编号	
		监理编号	
		日期	

致_____（监理单位）

　　我方已编制了_____技术文件,并经相关技术负责人审查批准,请予以审定。

　　附:技术文件_____页_____册

施工总承包单位_____　项目经理/责任人_____

专业承包单位_____　项目经理/责任人_____

专业监理工程师审查意见：

专业监理工程师_____

日　期_____

总监理工程师审查意见：

　　审定结论:□同意　　□修改后再报　　□重新编制

监理单位_____

总监理工程师_____

日　期_____

表 4-10 危险性较大分部分项工程施工方案专家论证表（C.2.2）

工程名称				编号		
施工总承包单位				项目负责人		
专业承包单位				项目负责人		
分项工程名称						
专家一览表							
姓名	性别	年龄	工作单位	职务	职称	专业
专家论证意见： 年　月　日							
签字栏	组长： 专家：							

表4-11 技术交底记录（C.2.3）

工程名称			编号	
			交底日期	
施工单位			分项工程名称	
交底摘要			页数	共 页,第 页

交底内容：

签字栏	交底人		审核人	
	接受交底人			

表 C2-4 技术交底记录

表 4-12　图纸会审记录（C.2.4）

工程名称			编号	
			日期	
设计单位			专业名称	
地点			页数	共 页,第 页
序号	图号	图纸问题	答复意见	
签字栏	建设单位	监理单位	设计单位	施工单位

表 C2-1 图纸会审记录

表 4-13 设计变更通知单（C.2.5）

工程名称			编号	
			日期	
设计单位			专业名称	
变更摘要			页数	共 页,第 页
序号	图号	变更内容		
签字栏	建设单位	设计单位	监理单位	施工单位

表 4-14 工程洽商记录（技术核定单）(C.2.6)

工程名称			编号	
			日期	
提出单位			专业名称	
洽商摘要			页数	共　页，第　页

序号	图号	洽商内容		
签字栏	建设单位	设计单位	监理单位	施工单位

表 C2-6 工程洽商记录

表 4-15 工程开工报审表（C.3.1）

工程名称		施工编号	
		监理编号	
		日　期	

致_____(监理单位)
　　我方承担的_____工程,已完成了以下各项工作,具备了开工条件,特此申请施工,请核查并签发开工指令。

附件：

施工总承包单位(章)_____

项目经理_____

审查意见：

监理单位_____

总监理工程师_____

日　期_____

表4-16　工程复工报审表 (C.3.2)

工程名称		施工编号	
		监理编号	
		日期	

致＿＿＿＿＿＿＿＿＿＿（监理单位）

　　根据＿＿＿＿＿＿＿＿＿号《工程暂停令》，我方已按要求完成了以下各项工作，具备了复工条件，特此申请，请核查并签发复工指令。

附：具备复工条件的说明或证明

　　　　　　　专业承包单位＿＿＿＿＿＿＿＿＿　　项目经理/责任人＿＿＿＿＿＿＿＿＿

　　　　　　施工总承包单位＿＿＿＿＿＿＿＿＿　　项目经理/责任人＿＿＿＿＿＿＿＿＿

审查意见：

　　　　　　　　　　　　　　　　　　　　　　　　　监理单位＿＿＿＿＿＿＿＿＿

　　　　　　　　　　　　　　　　　　　　　　专业监理工程师＿＿＿＿＿＿＿＿＿

　　　　　　　　　　　　　　　　　　　　　　总监理工程师＿＿＿＿＿＿＿＿＿

　　　　　　　　　　　　　　　　　　　　　　　　　日　　期＿＿＿＿＿＿＿＿＿

表 4-17 施工进度计划报审表（C.3.3）

工程名称		施工编号	
		监理编号	
		日 期	

致_____（监理单位）

  我方已根据施工合同的有关约定完成了_____工程总/年第_____季度_____月份工程施工进度计划的编制，请予以审查。

附：施工进度计划及说明

施工总承包单位（章）_____ 项目经理_____

专业监理工程师审查意见：

专业监理工程师_____

日   期_____

总监理工程师审核意见：

监理单位_____

总监理工程师_____

日   期_____

表 B3-1 施工进度计划（调整计划）报审表

表 4-18 年月人、机、料动态表（C.3.4）

工程名称		编号	
		日期	

致_____（监理单位）

　　根据年月施工进度情况,我方现报上年月人、机、料统计表。

劳动力	工种						合计
	人数						
	持证人数						

主要机械	机械名称	生产厂家	规格、型号	数量

主要材料	名称	单位	上月库存量	本月进场量	本月消耗量

附件:

施工单位_____

项目经理_____

表 4-19　工程延期申请表（C.3.5）

工程名称		编号	
		日期	

致_____(监理单位)

　　根据施工合同_____条_____款的约定，由于_____的原因,我方申请过程延期,请予以批准。

附件：
1. 工程延期的依据及工期计算
　　合同竣工日期：
　　申请延长竣工日期：
2. 证明材料

专业承包单位_____　项目经理/责任人_____

施工总承包单位_____　项目经理/责任人_____

表 4-20 工程款支付申请表（C.3.6）

工程名称		编号	
		日期	

致_____(监理单位)

　　我方已完成了_____工作，按照施工合同_____条_____款的约定，建设单位在_____年_____月_____日前支付该项工程款共(大写)_____(小写:_____)，现报上_____工程付款申请表，请予以审查并开具工程款支付证书。

附件：
1. 工程量清单
2. 计算方法

施工总承包单位(章)_____　　项目经理_____

表 B4-2 工程款进度款支付申请表

表 4-21　工程变更费用报审表（C.3.7）

工程名称		施工编号	
		监理编号	
		日期	

致_____（监理单位）

　　兹申报第_____号工程变更单，申请费用见附表，请予以审核。

附件：工程变更费用计算书

专业承包单位_____　　项目经理/责任人_____

施工总承包单位_____　　项目经理/责任人_____

监理工程师审核意见：

监理工程师_____

日　　期_____

总监理工程师审查意见：

监理单位_____

总监理工程师_____

日　　期_____

表 4-22 费用索赔申请表 (C.3.8)

工程名称		编号	
		日期	

致_____（监理单位）

根据施工合同_____条_____款的约定，由于_____的原因，我方要求索赔金额（大写）_____元，请予以批准。

附件：

1. 索赔的详细理由及经过

2. 索赔金额的计算

3. 证明材料

专业承包单位_____ 项目经理/责任人_____

施工总承包单位_____ 项目经理/责任人_____

表 4-23 材料、构配件进场检验记录 (C.4.1)

工程名称						编号		
						检验日期		
序号	名称	规格型号	进场数量	生产厂家		外观检验项目	试件编号	备注
				质量证明书编号		检验结果	复验结果	
1								
2								
3								
4								
5								
6								
7								
8								
9								
10								

检查意见(施工单位)

附件:共　页

验收意见(监理/建设单位)

□同意　　□重新检验　　□退场　　　　　　　　　　　　　　　　　验收日期:

签字栏	施工单位		专业质检员	专业工长	检验员
	监理或建设单位			专业工程师	

表 4-24 设备开箱检验记录 (C.4.2)

工程名称			编号	
			检验日期	
设备名称			规格型号	
生产厂家			产品合格证编号	
总数量			检验数量	
进场检验记录					
包装情况					
随机文件					
备件与附件					
外观情况					
测试情况					
缺、损附备件明细					
序号	附备件名称	规格	单位	数量	备注

检查意见(施工单位)

附件:共　　页

验收意见(监理/建设单位):

□同意　　□重新检验　　□退场　　　　　　　　　　　　验收日期:

签字栏	供应单位		责任人	
	施工单位		专业工长	
	监理或建设单位		专业工程师	

表 4-25　设备及管道附件试验记录（C.4.3）

工程名称					编号	
使用部位					试验日期	
试验要求						
设备/管道附件名称						
材质、型号						
规格						
试验数量						
试验介质						
公称或工作压力/MPa						
强度试验	试验压力/MPa					
	试验持续时间/s					
	试验压力降/MPa					
	渗透情况					
	试验结论					
严密性试验	试验压力/MPa					
	试验持续时间/s					
	试验压力降/MPa					
	渗透情况					
	试验结论					
签字栏	施工单位			专业技术负责人	专业质检员	专业工长
	监理或建设单位				专业工程师	

表 4-26 隐蔽工程验收记录（通用）（C.5.1）

工程名称			编号		
隐检项目			隐检日期		
隐蔽部位		层	轴线	标高	

隐检依据：施工图号＿＿＿＿＿，设计变更/洽商/技术核定单(编号＿＿＿＿＿＿＿＿)，及有关国家现行标准等。

主要材料名称及规格/型号：＿＿＿＿＿＿＿＿＿＿

隐检内容：

检查结论：

□同意隐蔽　　□不同意隐蔽，修改后复查

复查结论：

复查人：　　　　　　　　　　　　复查日期：

签字栏	施工单位		专业技术负责人	专业质检员	专业工长
	监理或建设单位			专业工程师	

表 C5-1-1 隐蔽工程验收记录

表 4-27 施工检查记录（通用）(C.5.2)

工程名称			编号	
			检查日期	
检查部位			检查项目	
检查依据：				
检查内容：				
检查结论：				
复查结论：				
复查人：		复查日期：		
签字栏	施工单位			
	专业技术负责人	专业质检员		专业工长

表 4-28 交接检查记录（通用）(C.5.3)

工程名称			编号	
			检查日期	
移交单位			见证单位	
交接部位			接收单位	
交接内容：				
检查结论：				
复查结论（由接收单位填写）：				
复查人：			复查日期：	
见证单位意见：				
签字栏	移交单位	接收单位		见证单位

表 4-29　工程定位测量记录（C.5.4）

工程名称			编号	
			图纸编号	
委托单位			施测日期	
复测日期			平面坐标依据	
高程依据			使用仪器	
允许误差			仪器校验日期	
定位抄测示意图：				
复测结果：				
签字栏	施工单位		测量人员岗位证书号		专业技术负责人	
	施工测量负责人		复测人		施测人	
	监理或建设单位				专业工程师	

表 C5-2-2 工程定位测量记录

表 4-30 建筑物垂直度、标高观测记录（C.5.5）

工程名称			编号	
施工阶段			观测日期	

观测说明（附观测示意图）：

垂直度测量（全高）		标高测量（全高）	
观测部位	实测偏差/mm	观测部位	实测偏差/mm

结论：

签字栏	施工单位		专业技术负责人	专业质检员	施测人
	监理或建设单位			专业工程师	

表 4-31 地基验槽记录（C.5.6）

工程名称			编号	
验槽部位			验槽日期	

依据：施工图号＿＿＿＿＿＿＿＿＿＿

设计变更/洽商/技术核定编号＿＿＿＿＿＿＿＿＿＿及有关规范、规程。

验槽内容：
　1.基槽开挖至勘探报告第＿＿＿＿＿＿层，持力层为＿＿＿＿＿＿层。
　2.土质情况＿＿＿＿＿＿＿＿＿＿＿＿＿＿。
　3.基坑位置、平面尺寸＿＿＿＿＿＿＿＿＿＿。
　4.基底绝对高程和相对标高＿＿＿＿＿＿＿＿＿＿。

申报人：

检查结论：

□无异常，可进行下道工序　　□需要地基处理

签字公章栏	施工单位	勘察单位	设计单位	监理单位	建设单位

表 C5-2-5　地基验槽记录

表 4-32 地下工程防水效果检查记录（C.5.7）

工程名称			编号		
检查部位			检查日期		
检查方法及内容：					
检查结论：					
复查结论：					
复查人：				复查日期：	
签字栏	施工单位		专业技术负责人	专业质检员	专业工长
	监理或建设单位		专业工程师		

表 4-33　防水工程试水检查记录（C.5.8）

工程名称				编号		
检查部位				检查日期		
检查方式	□第一次蓄水 □第二次蓄水			蓄水时间	从　年　月　日　时至 年　月　日　时	
	□淋水　□雨期观察					
检查方法及内容：						
检查结论：						
复查结论：						
复查人：				复查日期：		
签字栏	施工单位			专业技术负责人	专业质检员	专业工长
	监理或建设单位				专业工程师	

表 4-34 通风（烟）道、垃圾道检查记录（C.5.9）

工程名称						编号		
						检查日期		
	检查部位和检查结果						检查人	复检人
检查部位	主烟(风)道		副烟(风)道		垃圾道			
	烟道	风道	烟道	风道				
签字栏	施工单位							
	专业技术负责人		专业质检员			专业工长		

表 4-35 设备单机试运转记录（通用）（C.6.1）

工程名称				编号	
				试运转时间	
设备名称				设备编号	
规格型号				额定数据	
生产厂家				设备所在系统	
序号	试验项目		试验记录	试验结论	
1					
2					
3					
4					
5					
6					
7					
8					

试运转结论：

签字栏	施工单位		专业技术负责人	专业质检员	专业工长
	监理或建设单位			专业工程师	

表 4-36 系统试运转调试记录(通用)(C.6.2)

工程名称			编号	
			试运转调试时间	
试运转调试项目			试运转调试部位	

试运转调试内容:

试运转调试结论:

签字栏	施工单位		专业技术负责人	专业质检员	专业工长
	监理或建设单位			专业工程师	

表 4-37 接地电阻测试记录（通用）(C.6.3)

工程名称				编号	
				测试日期	
仪表型号		天气情况		气温/℃	
接地类型	☐防雷接地　　☐计算机接地　　☐工作接地 ☐保护接地　　☐防静电接地　　☐逻辑接地 ☐重复接地　　☐综合接地　　☐医疗设备接地				
设计要求	☐≤10Ω　　☐≤4Ω　　☐≤1Ω ☐≤0.1Ω　　☐≤　Ω				
测试部位：					
测试结论：					
签字栏	施工单位				
	专业技术负责人	专业质检员	专业工长		专业测试人
	监理或建设单位		专业工程师		

表 4-38 绝缘电阻测试记录（通用）（C.6.4）

工程名称						编号					
						测试日期			年 月 日		
计量单位						天气情况					
仪表型号					电压			环境温度			

层数	箱盘编号	回路号	相间			相对零			相对地			零对地
			L_1-L_2	L_2-L_3	L_3-L_1	L_1-N	L_2-N	L_3-N	L_1-PE	L_2-PE	L_3-PE	$N-PE$

测试结论：

签字栏	施工单位			
	专业技术负责人	专业质检员	专业工长	测试人
	监理或建设单位		专业工程师	

表 4-39 砌筑砂浆试块强度统计、评定记录（C.6.5）

工程名称				编号	
				强度等级	
施工单位				养护方法	
统计期		年 月 日至 年 月 日		结构部位	
试块组数 n	强度标准值 f_2/MPa		平均值 $f_{2,m}$/MPa	最小值 $f_{2,\min}$/MPa	$0.75f_2$
判定式	$f_{2,m} \geqslant f_2$			$f_{2,\min} \geqslant 0.75f_2$	
结果					
结论：					
签字栏	批准		审核		统计
	报告日期				

表 4-40　混凝土试块强度统计、评定记录（C.6.6）

工程名称					编号	
					强度等级	
施工单位					养护方法	
统计期		年　月　日至　　年　月　日			结构部位	
试块组 n	强度标准 $f_{cu,k}$/MPa	平均值 m_{fcu}/MPa	标准差 s_{fcu}/MPa	最小值 $f_{cu,min}$/MPa	合格评定系数	
					λ_1	λ_2
每组强度值/MPa						
评定界限	□统计方法（二）			□非统计方法		
	$0.90 f_{cu,k}$	$m_{fcu}-\lambda_1 s_{fcu}$	$\lambda_2 f_{cu,k}$	$1.15 f_{cu,k}$	$0.95 f_{cu,k}$	
判定式	$m_{fcu}-\lambda_1 s_{fcu} \geqslant 0.90 f_{cu,k}$		$f_{cu,min} \geqslant \lambda_2 f_{cu,k}$	$m_{fcu} \geqslant 1.15 f_{cu,k}$	$f_{cu,min} \geqslant 0.95 f_{cu,k}$	
结果						
结论：						
签字栏	批准		审核		统计	
	报告日期					

表 4-41　结构实体混凝土强度检验记录（C.6.7）

工程名称								编号	
								结构类型	
施工单位								验收日期	
强度等级	试件强度代表值/MPa							强度评定结果	监理/建设单位验收结果

结论：

签字栏	项目专业技术负责人	专业监理工程师或建设单位项目专业技术负责人

表 4-42 结构实体钢筋保护层厚度检验记录（C.6.8）

工程名称									编号		
									结构类型		
施工单位									验收日期		
构件类别	序号	钢筋保护层厚度/mm						合格点率	评定结果	监理/建设单位验收结果
		设计值	实测值							
梁											
板											
结论：											
签字栏		项目专业技术负责人						专业监理工程师或建设单位项目专业技术负责人			

表 4-43 灌（满）水试验记录（C.6.9）

工程名称				编号	
				试验日期	
分项工程名称				材质、规格	

试验标准及要求：

试验部位	灌(满)水情况	灌(满)水持续时间/min	液面检查情况	渗漏检查情况

试验结论：

签字栏	施工单位		专业技术负责人	专业质检员	专业工长
	监理或建设单位			专业工程师	

表 4-44 强度严密性试验记录 (C.6.10)

工程名称		编号	
		试验日期	
分项工程名称		试验部位	
材质、规格		压力表编号	

试验要求：

试验记录			
	试验介质		
	试验压力表设置位置		
	强度试验	试验压力/MPa	
		试验持续时间/min	
		试验压力降/MPa	
		渗漏情况	
	严密性试验	试验压力/MPa	
		试验持续时间/min	
		试验压力降/MPa	
		渗漏情况	

试验结论：

签字栏			专业技术负责人	专业质检员	专业工长
	施工单位				
	监理或建设单位		专业工程师		

表 4-45 通水试验记录（C.6.11）

工程名称			编号	
			试验日期	
分项工程名称			试验部位	

试验系统简述：

试验要求：

试验记录：

试验结论：

签字栏	施工单位		专业技术负责人	专业质检员	专业工长
	监理或建设单位			专业工程师	

表 4-46 冲（吹）洗试验记录 (C.6.12)

工程名称			编号	
			试验日期	
分项工程名称			试验部位	

试验要求：

试验记录：

试验结论：

签字栏	施工单位		专业技术负责人	专业质检员	专业工长
	监理或建设单位			专业工程师	

表 4-47 电气设备空载试运行记录 (C.6.13)

工程名称							编号			
设备名称				设备型号			设计编号			
额定电流				额定电压			填写日期		年 月 日	
试运行时间			由 日 时 分开始至 日 时 分结束							
运行负荷记录	运行时间	运行电压/V			运行电流/A			温度/℃		
		L_1-N (L_1-L_2)	L_2-N (L_2-L_3)	L_3-N (L_3-L_1)	L_1相	L_2相	L_3相			

试运行情况记录：

签字栏	施工单位		专业技术负责人	专业质检员	专业工长
	监理或建设单位			专业工程师	

表 4-48 大型照明灯具承载试验记录 (C.6.14)

工程名称			编号	
楼层保温			试验日期	
灯具名称	安装部位	数量	灯具自重/kg	试验载重/kg

检查结论：

签字栏	施工单位		专业技术负责人	专业质检员	专业工长
	监理或建设单位			专业工程师	

表 4-49 智能建筑工程子系统检测记录 (C.6.15)

系统名称		子系统名称		序号		检测部位	
施工总承包单位						项目经理	
执行标准名称及编号							
专业承包单位						项目经理	
	系统检测内容	检测规范的规定	系统检测评定记录	检测结果		备注	
				合格	不合格		
主控项目							
一般项目							
强制性条文							

检测机构的检测结论：

检测负责人　　　　　年　　月　　日

注：1. 在检测结果栏，左列打"√"视为合格，右列打"√"视为不合格。
　　2. 备注栏内填写检测时出现的问题。

表 4-50　风管漏光检测记录（C.6.16）

工程名称			编号	
			试验日期	
系统名称			工作压力/Pa	
系统接缝总长度/m			每10m接缝为一检测段的分段数	
检测光源				
分段序号	实测光源点数/个		每10m接缝的允许漏光点数/(个/10m)	结论
1				
2				
3				
4				
5				
6				
7				
8				
合计	总漏光点数/个		每100m接缝的允许漏光点数/(个/100m)	结论

检查结论：

签字栏	施工单位		专业技术负责人	专业质检员	专业工长
	监理或建设单位			专业工程师	

表 4-51 风管漏风检测记录（C.6.17）

工程名称			编号	
			试验日期	
系统名称			工作压力/Pa	
系统总面积/m²			试验压力/Pa	
试验总面积/m²			系统检测分段数	

检测区段图示：	分段实测数值			
	序号	分段表面积/m²	试验压力/Pa	实测漏风量/(m³/h)
	1			
	2			
	3			
	4			
	5			
	6			
	7			
	8			

系统允许漏风量/[m³/(m²·h)]		实测系统漏风量/[m³/(m²·h)]	

检测结论：

签字栏	施工单位		专业技术负责人	专业质检员	专业工长
	监理或建设单位			专业工程师	

表 4-52 检验批质量验收记录 (C.7.1)

工程名称					
分项工程名称			验收部位		
施工总承包单位		项目经理		专业工长	
专业承包单位		项目经理		施工班组长	
施工执行标准名称及编号					
	施工质量验收规范的规定		施工单位检查评定记录		监理/建设单位验收记录
主控项目					
一般项目					

施工单位检查评定结果:

质量检查员
　　　　　　年　月　日

监理或建设单位验收结论:

监理工程师或建设单位项目专业技术负责人
　　　　　　年　月　日

视频 钢筋安装检验批
　　质量验收记录

表 4-53 分项工程质量验收记录（C.7.2）

工程名称		结构类型		检验批数	
施工总承包单位		项目经理		项目技术负责人	
专业承包单位		单位负责人		项目经理	

序号	检验批名称及部位、区段	施工单位检查评定结果	监理或建设单位验收意见

说明：

检查结论	项目专业技术负责人 年　月　日	验收结论	监理工程师或 建设单位项目专业技术负责人 年　月　日

表 4-54 分部（子分部）工程质量验收记录（C.7.3）

工程名称			结构类型		层数	
施工总承包单位		技术部门负责人			质量部门负责人	
专业承包单位		专业承包单位负责人			专业承包单位技术负责人	

序号	分项工程名称	（检验批）数	施工单位检查评定	验收意见

质量控制资料		
安全和功能检验（检测）报告		
观感质量验收		

验收单位	专业承包单位		项目经理　　　　　年　月　日
	施工总承包单位		项目经理　　　　　年　月　日
	勘察单位		项目经理　　　　　年　月　日
	设计单位		项目经理　　　　　年　月　日
	监理单位或建设单位	总监理工程师或建设单位项目专业负责人　　　　　年　月　日	

表 C7-3 分部（子分部）
工程质量验收记录

表 4-55　建筑节能分部工程质量验收记录表（C.7.4）

单位工程名称				结构类型及层数	
施工总承包单位		技术部门负责人		质量部门负责人	
专业承包单位		专业承包单位负责人		专业承包单位技术负责人	
序号	分项工程名称		验收结论	监理工程师签字	备注
1	墙体节能工程				
2	幕墙节能工程				
3	门窗节能工程				
4	屋面节能工程				
5	地面节能工程				
6	采暖节能工程				
7	通风与空气调节节能工程				
8	空调与采暖系统的冷热源及管网节能工程				
9	配电与照明节能工程				
10	监测与控制节能工程				
质量控制资料					
外墙节能构造现场实体检验					
外窗气密性现场实体检验					
系统节能性能检测					

验收结论：

验收单位	专业承包单位	施工总承包单位	设计单位	监理或建设单位
	项目经理	项目经理	项目负责人	总监理工程师或建设单位项目专业负责人
	年　月　日	年　月　日	年　月　日	年　月　日

表 4-56 单位（子单位）工程竣工预验收报验表（C.8.1）

工程名称		编号	

致_____（监理单位）

　　我方已按合同要求完成了_____工程，经自检合格，请予以检查和验收。

附件：

施工总承包单位（章）_____

项目经理_____

日期_____

审查意见：

　　经预验收，该工程

　　1. 符合/不符合我国现行法律、法规要求；

　　2. 符合/不符合我国现行工程建设标准；

　　3. 符合/不符合设计文件要求；

　　4. 符合/不符合施工合同要求。

　　综上所述，该工程预验收合格/不合格，可以/不可以组织正式验收。

监理单位_____

总监理工程师_____

日期_____

表 4-57 单位（子单位）工程质量竣工验收记录（C.8.2-1）

工程名称			结构类型		层数/建筑面积	
施工单位			技术负责人		开工日期	
项目经理			项目技术负责人		竣工日期	
序号	项目		验收记录			验收结论
1	分部工程		共　　分部,经查　　　　分部 符合标准及设计要求　　分部			
2	质量控制资料核查		共　　项,经审查符合要求　　项, 经核定符合规范要求　　　　项			
3	安全和主要使用功能核查及抽查结果		共核查　　项,符合要求　　　项 共抽查　　项,符合要求　　　项 经返工处理符合要求　　　　项			
4	观感质量验收		共抽查　　项,符合要求　　　项 不符合要求　　　　　　　　项			
5	综合验收结论					
参加验收单位	建设单位 （公章） 单位(项目)负责人 　　年　月　日	监理单位 （公章） 总监理工程师 　　年　月　日		施工单位 （公章） 单位负责人 　　年　月　日	设计单位 （公章） 单位(项目)负责人 　　年　月　日	

表 C8-1 单位（子单位）工程

质量竣工验收记录

表 4-58 单位（子单位）工程质量控制资料核查记录 (C.8.2-2)

工程名称			施工单位			
序号	项目	资 料 名 称		份数	核查意见	核查人
1	建筑与结构	图纸会审记录、设计变更通知单、工程洽商记录（技术核定单）				
2		工程定位测量、放线记录				
3		原材料出厂合格证及进场检(试)验报告				
4		施工试验报告及见证检测报告				
5		隐蔽工程验收记录				
6		施工记录				
7		预制构件、预拌混凝土合格证				
8		地基、基础、主体结构检验及抽样检测资料				
9		分项、分部工程质量验收记录				
10		工程质量事故及事故调查处理资料				
11		新材料、新工艺施工记录				
12						
1	给排水与采暖	图纸会审记录、设计变更通知单、工程洽商记录（技术核定单）				
2		材料、配件出厂合格证书及进场检(试)验报告				
3		管道、设备强度试验、严密性试验记录				
4		隐蔽工程验收记录				
5		系统清洗、灌水、通水、通球试验记录				
6		施工记录				
7		分项、分部工程质量验收记录				
8						
1	建筑电气	图纸会审记录、设计变更通知单、工程洽商记录（技术核定单）				
2		材料、设备出厂合格证书及进场检(试)验报告				
3		设备调试记录				
4		接地、绝缘电阻测试记录				
5		隐蔽工程验收记录				
6		施工记录				
7		分项、分部工程质量验收记录				
8						

续表

工程名称			施工单位			
序号	项目	资料名称		份数	核查意见	核查人
1	通风与空调	图纸会审记录、设计变更通知单、工程洽商记录(技术核定单)				
2		材料、设备出厂合格证书及进场检(试)验报告				
3		制冷、空调、水管道强度试验、严密性试验记录				
4		隐蔽工程验收记录				
5		制冷设备运行调试记录				
6		通风、空调系统调试记录				
7		施工记录				
8		分项、分部工程质量验收记录				
9						
1	电梯	图纸会审记录、设计变更通知单、工程洽商记录(技术核定单)				
2		设备出厂合格证书及开箱检验记录				
3		隐蔽工程验收记录				
4		施工记录				
5		接地、绝缘电阻测试记录				
6		负荷试验、安全装置检查记录				
7		分项、分部工程质量验收记录				
8						
1	建筑智能化	图纸会审、设计变更、工程洽商记录(技术核定单)、竣工图及设计说明				
2		材料、设备出厂合格证书及技术文件及进场检(试)验报告				
3		隐蔽工程验收记录				
4		系统功能测定及设备调试记录				
5		系统技术、操作和维护手册				
6		系统管理、操作人员培训记录				
7		系统检测报告				
8		分项、分部工程质量验收记录				

结论：

施工单位项目经理

总监理工程师
(建设单位项目负责人)

年　月　日　　　　　　　　　　　　　　年　月　日

表 4-59　单位（子单位）工程安全和功能检验资料核查及主要功能抽查记录（C.8.2-3）

工程名称			施工单位				
序号	项目	安全和功能检查项目	份数	核查意见		抽查结果	核查(抽查)人
1	建筑与结构	屋面淋水试验记录					
2		地下室防水效果检查记录					
3		有防水要求的地面蓄水试验记录					
4		建筑物垂直度、标高、全高测量记录					
5		抽气(风)道检查记录					
6		幕墙及外窗气密性、水密性、耐风压检测报告					
7		建筑物沉降观测测量记录					
8		节能、保温测试记录					
9		室内环境检测报告					
10							
1	给排水与采暖	给水管道通水试验记录					
2		暖气管道、散热器压力试验记录					
3		卫生器具满水试验记录					
4		消防管道、燃气管道压力试验记录					
5		排水干管通球试验记录					
6							
1	电气	照明全负荷试验记录					
2		大型灯具牢固性试验记录					
3		避雷接地电阻测试记录					
4		线路、插座、开关接地检验记录					
5							
1	通风与空调	通风、空调系统试运行记录					
2		风量、温度测试记录					
3		洁净室洁净度测试记录					
4		制冷机组试运行调试记录					
5							
1	电梯	电梯运行记录					
2		电梯安全装置检测报告					
1	智能建筑	系统试运行记录					
2		系统电源及接地检测报告					
3							

结论：

施工单位项目经理　　　　　　　　　　　　总监理工程师或建设单位项目负责人

　　　年　月　日　　　　　　　　　　　　　　　　　　　　　　　　　年　月　日

表 C8-3

表 4-60 单位（子单位）工程观感质量检查记录（C.8.2-4）

工程名称				施工单位						
序号		项目		抽查质量状况				质量评价		
								好	一般	差
1	建筑与结构	室外墙面								
2		变形缝								
3		水落管、屋面								
4		室内墙面								
5		室内顶棚								
6		室内地面								
7		楼梯、踏步、护栏								
8		门窗								
1	给排水与采暖	管道接口、坡度、支架								
2		卫生器具、支架、阀门								
3		检查口、扫除口、地漏								
4		散热器、支架								
1	建筑电气	配电箱、盘、板、接线盒								
2		设备器具、开关、插座								
3		防雷、接地								
1	通风与空调	风管、支架								
2		风口、风阀								
3		风机、空调设备								
4		阀门、支架								
5		水泵、冷却塔								
6		绝热								
1	电梯	运行、平层、开关门								
2		层门、信号系统								
3		机房								
1	智能建筑	机房设备安装及布局								
2		现场设备安装								
3										
观感质量综合评价										

检查结论	施工总承包单位项目经理　　　　　　　　　总监理工程师或建设单位项目负责人 　　　　　　　　　　　　　　年　月　日　　　　　　　　　　　　　　　　　年　月　日

表 C8-4 单位（子单位）工程
观感质量检查记录

简答题

1. 施工管理资料都包含哪些文件资料，分别由哪些建设相关单位提供，应在哪些单位进行保存，如何保存？
2. 什么是工程概况表，其主要包含哪些方面的内容？
3. 分包单位资质审查的内容有哪些？
4. 施工技术资料都包含哪些文件资料，分别由哪些建设相关单位提供，应在哪些单位进行保存，如何保存？
5. 进度造价资料都包含哪些文件资料，分别由哪些建设相关单位提供，应在哪些单位进行保存，如何保存？
6. 建筑工程具备哪些条件时，施工单位可以编写工程开工报告？
7. 什么是隐蔽工程？
8. 分部工程质量验收主要包括哪些内容？

第五章 竣工图及工程竣工文件（D、E类）

学习目标

- 了解竣工图的相关概念
- 掌握竣工图的分类、来源及保存方式
- 熟悉竣工图的编制要求
- 熟悉竣工图的编制方法和要求
- 掌握工程竣工文件的分类、来源及保存方式
- 熟悉各类工程竣工文件的编制
- 熟悉竣工验收资料的编制

能力目标

- 能够编制建筑工程竣工图及工程竣工文件
- 能够收集及整理建筑工程竣工图及工程竣工文件
- 能够对建筑工程竣工图及工程竣工文件进行归档

工程竣工阶段竣工文件、竣工图形成图：

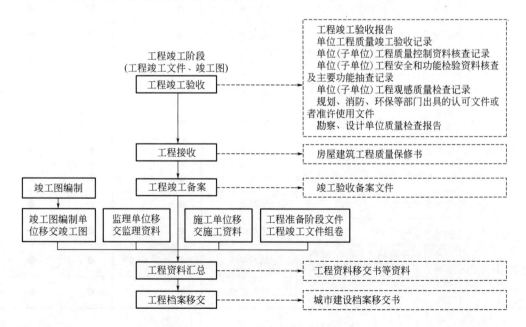

第一节 竣工图（D类）

一、竣工图概述

竣工图是真实记录建设工程项目施工结果的图样。

一般情况下，设计单位在施工图设计完成后，将其交付给施工单位组织实施，施工单位在施工过程中均会对原设计进行一些变更与修改，因此，在各项新建、改建、扩建工程竣工之后必须编制竣工图。

竣工图是建筑工程竣工档案的重要组成部分，是工程竣工验收的必备条件之一，也是工程维修、管理、改建和扩建的依据。

竣工图可由建设单位负责绘制，也可由建设单位委托施工单位、监理单位或设计单位绘制。

二、竣工图的分类、来源与保存

竣工图按单位工程，根据专业、系统进行分类和管理。表5-1所示为竣工图文件资料的类别、来源及保存。

表5-1 竣工图文件资料的类别、来源及保存

工程资料类别	工程资料名称			工程资料来源	保存单位和期限			
					施工单位	监理单位	建设单位	城建档案馆
D	竣工图							
D1	竣工图	建筑与结构竣工图	建筑竣工图	编制单位	●		●	●
			结构竣工图	编制单位	●		●	●
			钢结构竣工图	编制单位	●		●	●
		建筑装饰与装修竣工图	幕墙竣工图	编制单位	●		●	●
			室内装饰竣工图	编制单位	●		●	●
		建筑给水、排水与采暖竣工图		编制单位	●		●	●
		建筑电气竣工图		编制单位	●		●	●
		智能建筑竣工图		编制单位	●		●	●
		通风与空调竣工图		编制单位	●		●	●
		室外工程竣工图	室外给水、排水、供热、供电、照明管线等竣工图	编制单位	●		●	●
			室外道路、园林绿化、花坛、喷泉等竣工图	编制单位	●		●	●

续表

工程资料类别	工程资料名称	工程资料来源	保存单位和期限			
			施工单位	监理单位	建设单位	城建档案馆
D类其他资料						

注：表中"●"表示"归档保存"。

三、竣工图的编制要求

竣工图的编制应符合以下几项要求：
（1）竣工图应真实反映竣工工程的实际情况。
（2）竣工图的专业类别应与施工图对应。
（3）竣工图应依据施工图、图纸会审记录、设计变更通知单、工程洽商记录等编制。
（4）竣工图的编制应符合国家现行有关标准的规定。
（5）凡是施工中按图施工没有变更的工程，可以以施工图作为竣工图，并由竣工图编制单位在原施工图图签附近空白处加盖"竣工图"印章后方可作为竣工图。

施工中有一般性设计变更，可由编制单位负责在原施工图新蓝图上加以修改补充，但修改后需要标明变更修改依据，注明变更或洽商编号，加盖修改专用章和"竣工图"印章后作为竣工图。

凡遇到重大改变或变更部分超过原图的三分之一，或结构形式、工艺、平面布置、项目等发生了重大改变或变更部分不能在原施工图上改绘的，应重新绘制竣工图，加盖竣工图章。

（6）编制竣工图时，必须编制各专业竣工图的图纸目录，作废的图纸在目录上划掉，补充的图纸必须在目录上列出图名和图号，并加盖竣工图章和由相关人员亲自签名。
（7）用于改绘竣工图的图纸不得使用复印的图纸。
（8）竣工图编制单位应按照国家建筑制图规范要求绘制竣工图，使用绘图笔或签字笔及不褪色的绘图墨水。

四、竣工图的绘制方法和要求

竣工图有以下 4 种绘制方法：利用施工蓝图改绘、利用翻晒硫酸纸底图改绘、重新绘制以及利用电子版施工图改绘。

（一）利用施工蓝图改绘竣工图

在施工蓝图上改绘竣工图，一般可采用杠（划）改法或叉改法。局部修改可圈出更改部位，在原图空白处绘出更改内容，所有变更处都必须画索引线并注明更改依据。

常见的改绘方法说明如下。

1. 取消内容

尺寸、门窗型号、设备型号、灯具型号、钢筋型号和数量及注解说明等数字、文字、符号的取消，可采用杠改法，即将要取消的数字、文字、符号等用横杠杠掉，从修改的位置引出带箭头的索引线，在索引线上注明修改依据。

隔墙、门窗、钢筋、灯具、设备等的取消，可采用叉改法和杠改法，即将要取消的部分在图上打"×"，若需取消的部分较长，可视情况打多个"×"，并从图上修改处以箭头索引线引出，注明修改依据。

2. 增加设计内容

在建筑物的某一部位增加隔墙、门窗、灯具、设备、钢筋等，均应在图上绘出，并注明修改依据。与此同时，改绘部分剖面图及其他图纸中相应部分应同时进行改绘。

若增加的内容在原位置绘不清楚，则应在本图空白处按需要补绘大样图；若本图上无可绘位置时，应另外以硫酸纸绘补图，并晒成蓝图，或用绘图仪绘制白图后附在本专业图纸之后，此时，应注意在原修改位置和补绘图纸上均注明修改依据，补图要有图名和图号。

3. 修改设计内容

数字、符号或文字的变更，可在图上用杠改法将取消的内容杠去，在其附近空白处增加更改后的内容，并注明修改依据。

设备配置位置、灯具、开关型号等变更引起的改变；墙、板、内外装修等变化均应在原图上改绘。

若图纸某部位变化较大或在原位置上改绘困难，可以采用下列方法改绘：

（1）画大样改绘，即在原图上标出应修改部分的范围后，在需要修改的图纸上绘出修改部位的大样图，并在原图改绘范围和改绘的大样图处注明修改依据。

（2）另绘补图修改，即把应改绘部位绘制硫酸纸补图，晒成蓝图后，作为竣工图纸补在专业图纸之后，具体方法是：在原图纸上画出修改范围，并注明修改依据和见某图（图号）及大样图名，并在补图上注明图号和图名，同时注明是某图（图号）某部位的补图和修改依据。

（3）重新绘制竣工图，若某张图纸不能清楚地进行修改时，则应重新绘制整张图作为竣工图。

4. 添加说明

设计变更、洽商记录的内容应在竣工图上修改的，均应用绘图方法改绘在蓝图上，不必再加说明。如果修改后的图纸仍然有内容无法表示清楚，可用精练的语言适当加以说明。其主要表现在以下几个方面：

（1）图纸上某种设备型号等内容的改变涉及多处修改时，要对所有涉及的地方全部加以改绘，其修改依据可标注在一个修改处，但必须在此处加以简单说明。

（2）混凝土强度等级的改变，墙、板、内外装修材料的变化等难以用图示方法表达清楚时，可加注或用索引的形式加以说明。

（3）涉及说明类型的洽商记录，应在相应的图纸上使用设计规范用语反应洽商内容。

（二）利用翻晒硫酸纸底图改绘竣工图

在原硫酸纸图上依据设计变更、工程洽商等内容用刮改法进行绘制，即用刀片将需要修改的部位刮掉，再用绘图笔绘制修改内容，并在图中空白处做修改内容备注表，注明变更、洽商编号和修改内容，晒成蓝图。

若修改的部位用语言描述不清楚，可用细实线在图上画出修改范围。修改后的硫酸纸图应加盖竣工图章，没有改动的底图做竣工图也应加盖竣工图章。

（三）重新绘制竣工图

若需要重新绘制竣工图，则新图应与原图比例相同，符合相关的制图标准和竣工图的要求，并有标准的图框和内容齐全的图签，图签中应有明确的"竣工图"字样或加盖竣工图章。

（四）利用电子版施工图改绘竣工图

在电子版施工图上依据设计变更、工程洽商记录的内容进行修改时，需用云线圈出修改部位，并在图中空白处做修改备考表，出图后，由原设计人员签字，加盖竣工图章。

五、竣工图章

竣工图章的基本内容包括"竣工图"字样、施工单位、编制人、审核人、技术负责人、编制日期、监理单位、总监、现场监理等，图章尺寸为50mm×80mm，如图5-1所示。

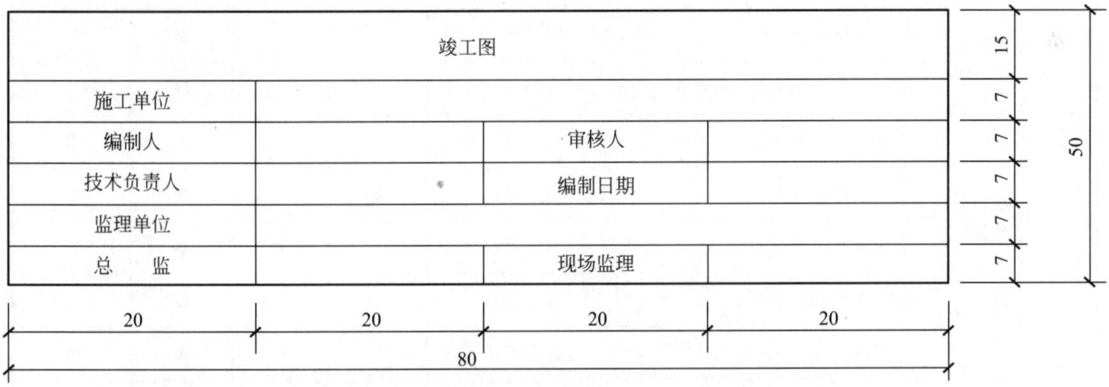

图 5-1 竣工图示例（单位：mm）

所有竣工图均应由编制单位逐张加盖竣工图章，并签字。竣工图章签名必须齐全，不得代签。

由设计单位编制的竣工图，其设计图签中应明确竣工阶段，并由绘制人和技术负责人在设计图签上签字。

竣工图章应加盖在图签附近的空白处，并应使用不易褪色的印泥。

第二节 工程竣工文件（E类）

一、工程竣工文件的分类、来源与保存

工程竣工文件按单位工程，根据专业、系统进行分类和管理。表5-2所示为竣工文件资料的类别、来源及保存方式。

表 5-2 工程竣工文件资料的类别、来源及保存

工程资料类别		工程资料名称	工程资料来源	保存单位和期限			
				施工单位	监理单位	建设单位	城建档案馆
E			工程竣工文件				
E1	竣工验收文件	单位(子单位)工程质量竣工验收**	施工单位	●	●	●	●
		勘察单位工程质量检查报告	勘察单位	○	○	●	●
		设计单位工程质量检查报告	设计单位	○	○	●	●
		工程竣工验收报告	建设单位	●	●	●	●
		规划、消防、环保等部门出具的认可文件或准许使用文件	政府主管部门			●	●
		房屋建筑工程质量保修书	施工单位	●		●	●
		住宅质量保证书、住宅使用说明书	建设单位			●	
		建筑工程竣工验收备案表	建设单位	●	●	●	●
E2	竣工决算文件	施工决算资料*	施工单位			●	
		监理费用决算资料*	监理单位			●	
E3	竣工交档文件	工程竣工档案预验收意见	城建档案管理部门			●	●
		施工资料移交书*	施工单位	●		●	
		监理资料移交书*	监理单位		●	●	
		城市建设档案移交书	建设单位			●	
E4	竣工总结文件	工程竣工总结	建设单位			●	●
		竣工新貌影响资料	建设单位	●			●
E 类其他资料							

注：1. 表中"●"表示"归档保存"；"○"表示"过程保存"，是否归档保存可自行确定。
2. 表中标注"*"的资料，宜由施工单位和监理或建设单位共同形成；表中标注"**"的资料，宜由建设单位、设计单位、监理单位和施工单位多方共同形成。

二、勘察（或设计）单位工程质量检查报告

勘察（或设计）单位工程质量检查报告由勘察单位（或设计单位）根据相关法规、规范、标准，勘察、设计文件，图纸会审、设计变更文件等编写。

其内容主要包括勘察、设计变更情况，设计意图的实现情况，工程验收意见，质量事故件数、发生日期、处理方案执行情况等。

三、工程竣工验收报告

建设单位组织工程竣工验收组对工程进行竣工验收，在认为工程合格的基础上，应综合

各参建方的档案和报告内容,按工程竣工验收的规定写出工程竣工验收报告,作为工程竣工验收备案的主要文件。

工程竣工验收报告主要包括以下几个方面的内容:
(1) 工程基本情况。
(2) 建设单位执行基建程序的情况。
(3) 对参建各方质量行为的评价。
(4) 单位工程质量综合评定文件。
(5) 建设、监理、勘察、设计、施工分别签署的质量合格文件及验收人员签署的竣工验收原始文件的说明和质量评估。
(6) 附带工程验收备案管理部门认为需要提供的有关资料。
(7) 竣工验收的时间、内容和组织形式。
(8) 其他需要补充说明的问题。

四、规划、消防、环保等部门出具的认可文件或准许使用文件

建设工程完工后,在竣工验收前,应由规划、消防、环保等部门进行专项验收,验收合格后,规划、消防、环保等部门应给建设单位出具认可文件或准许使用文件。

五、住宅质量保证书

住宅质量保证书是房地产开发企业将新建成的房屋出售给购买人时,针对房屋质量向购买者做出承诺保证的书面文件,房地产开发企业应依据住宅质量保证书上约定的房屋质量标准承担维修、补修的责任。

房地产开发企业在住宅质量保证书中注明的保修内容和保修期限不得低于国家规定,保修期从房地产开发企业将房屋交付给购房者之日算起,在办理房屋交付和验收时,必须有购房者对房屋设备设施正常使用的签字确认。

房屋保修一般由房地产开发企业亲自负责维护和处理,如果房地产开发企业委托物业管理公司等其他单位负责保修,则须在住宅质量保证书中对所委托的单位予以明示,保证购房者的权益得到切实的保护。

六、住宅使用说明书

住宅使用说明书应对住宅的结构、性能和各部位(部件)的类型、性能、标准等作出说明,写明使用注意事项,具体包含以下几个方面的内容:
(1) 房屋的结构类型。
(2) 房屋装修、装饰注意事项。
(3) 给水、排水、电、燃气、热力、通信、消防等设施配置的说明。
(4) 有关设施、设备安装预留位置的说明和安装注意事项。
(5) 门、窗类型及其使用注意事项。
(6) 配电负荷。

(7) 承重墙、保温墙、防水层、阳台等部位注意事项的说明。

(8) 其他需要说明的问题。

房地产开发企业在住宅使用说明书中对住户合理使用住宅应有提示，因用户使用不当或擅自改动结构、设备位置和不当装修等造成的质量问题，房地产开发企业不承担保修责任，若因上述行为造成房屋质量受损或其他用户损失，由责任人承担相应责任。

七、建筑工程竣工验收备案表

建筑工程竣工验收备案是建设单位在建设工程竣工验收后，将建设工程竣工验收报告和规划、消防、环保等部门出具的认可文件或准许使用文件报建设行政主管部门审核的过程。

建设单位应当自建设工程竣工验收合格之日起15日内进行建设工程竣工验收备案，并填写建设工程竣工验收备案表。

建设工程竣工验收备案表一式两份，一份由建设单位保存，一份交留备案机关存档。

八、工程竣工档案预验收意见

在组织工程竣工验收前，建设单位应当向市城建档案馆提出工程竣工档案预验收申请，将工程竣工档案资料送到市城建档案馆，由市城建档案馆组织工程竣工档案预验收，验收合格后，出具工程竣工档案预验收意见。建设单位取得工程竣工档案预验收认可意见后，方可组织工程竣工验收。

九、城市建设档案移交书

城市建设档案移交书是竣工档案进行移交的凭证。

凡列入城建档案馆接收范围的工程档案，竣工验收通过后3个月内，建设单位将汇总后的全部工程档案移交城建档案馆并办理移交手续。

推迟报送日期，应在规定报送的时间内向城建档案馆申请延期报送，并申明延期报送原因，经同意后办理延期报送手续。

表5-3为城市建设档案移交书。

十、工程竣工总结

工程竣工总结是建筑工程的综合性或专题性总结的文字材料，应由建设单位负责组织相关单位编制，一般包括以下几个方面的内容：①根据工程的特点和难点，进行项目质量、进度、合同、成本和综合控制等管理方面的总结；②工程采用的新技术、新产品、新工艺和新材料等工程技术方面的总结；③工程实施过程中各种经验和教训的总结。

十一、竣工新貌影像资料

建设工程竣工后，建设单位应对建设工程的新貌留存影像并存档。

表 5-3　城市建设档案移交书

工程名称		编号	

致_____(城建档案馆)

　　我方现将_____工程的档案移交给贵方,共计_____册,其中:图样材料_____册,文件材料_____册,其他材料_____张。

　　附:
1.城市建设档案移交目录一式_____份,共_____张。
2.完整档案_____套。

移交单位_____
负 责 人_____
日   期_____

接收单位审查意见:

接收单位_____
接 收 人_____
日   期_____

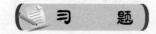

简答题

1. 建筑与结构竣工图都包含哪些文件资料？由哪些建设相关单位提供，应在哪些单位进行保存，如何保存？

2. 室外工程竣工图都包含哪些文件资料？由哪些建设相关单位提供，应在哪些单位进行保存，如何保存？

3. 简述利用施工蓝图改绘竣工图的几种方法。

4. 竣工图章主要包含哪些内容？

5. 竣工验收文件都包含哪些文件资料，分别由哪些建设相关单位提供，应在哪些单位进行保存，如何保存？

6. 简述工程竣工验收报告的主要内容。

7. 什么是住宅使用说明书，其主要包含哪些方面的内容？

8. 什么是建筑工程竣工验收备案？

9. 工程竣工总结主要包含哪些方面的内容？

10. 工程竣工图绘制要求是什么？工程竣工图编制形式是什么？

第六章　建筑工程施工质量验收

学习目标

- 掌握建筑工程施工质量验收术语及基本规定
- 熟悉建筑工程施工质量验收规范及实施方法
- 掌握建筑工程质量验收的划分原则
- 掌握建筑工程质量验收的标准与方法
- 熟悉建筑工程质量验收程序及组织

能力目标

- 能够编制建筑工程施工质量验收文件
- 能够收集及整理建筑工程施工质量验收文件
- 能够对建筑工程施工质量验收文件进行归档

第一节　建筑工程施工质量验收术语及基本规定

一、术语

1. 建筑工程

通过对各类房屋建筑及其附属设施的建造和其配套线路、管道、设备等的安装所形成的工程实体。

2. 建筑工程质量

建筑工程质量是反映建筑工程满足相关标准规定或合同约定的要求,包括其在安全、使用功能及其在耐久性能、环境保护等方面所有明显和隐含能力的特性总和。

3. 验收

建筑工程质量在施工单位自行检查合格的基础上,由工程质量验收责任方组织,工程建设相关单位参加,对检验批、分项、分部、单位工程及其隐蔽工程的质量进行抽样检验,对技术文件进行审核,并根据设计文件和相关标准以书面形式对工程质量是否达到合格做出确认。

4. 进场检验

进场检验就是对进入施工现场的建筑材料、构配件、设备及器具，按相关标准的要求进行检验，并对其质量、规格及型号等是否符合要求做出确认的活动。

5. 检验

检验就是对被检验项目的特征、性能进行量测、检查、试验等，并将结果与标准规定的要求进行比较，以确定每项性能是否合格的活动。

6. 见证检验

施工单位在工程监理单位或建设单位的见证下，按照有关规定从施工现场随机抽取试样，送至具备相应资质的检测机构进行检验的活动。

7. 交接检验

交接检验是指由施工的承接方与完成方经双方检查并对可否继续施工作出确认的活动。它有3个作用，即检查上道工序的质量状况，保证本道工序质量的方法和措施，方便下道工序施工的配合措施，并将检查结果经监理工程师或建设单位负责人确认，形成文字记录。

8. 主控项目

建筑工程中对安全、节能、环境保护和主要使用功能起决定性作用的检验项目。

9. 一般项目

一般项目是指除主控项目以外的检验项目。

10. 抽样检验

抽样检验是指按照规定的抽样方案，随机地从进场的材料、构配件、设备或建筑工程检验项目中，按检验批抽取一定数量的样本所进行的检验。

11. 抽样方案

抽样方案是指根据检验项目的特性所确定的抽样数量和方法。

12. 计数检验

计数检验是指通过确定抽样样本中不合格的个体数量，对样本总体质量做出判定的检验方法。

13. 计量检验

计量检验是指以抽样样本的检测数据计算总体平均值、特征值或推定值，并以此判断或评估总体质量的检验方法。

14. 观感质量

观感质量是指通过观察和必要的测试所反映的工程外在质量和功能状态。

15. 返修

返修是指对施工质量不符合规定的部位采取的整修等措施。

16. 返工

返工是指对施工质量不符合规定的部位采取的更换、重新制作、重新施工等措施。

二、验收基本规定

（一）施工现场质量管理规定

施工现场应具有健全的质量管理体系、相应的施工技术标准、施工质量检验制度和综合施工质量水平评定考核制度。施工现场质量管理可按《建筑工程文件归档整理规范》(GB/T 50328—2014)附录 A 的要求进行检查记录。

未实行监理的建筑工程,建设单位相关人员应履行本标准涉及的监理职责。

(二)施工质量控制规定

1. 材料、设备、构配件的检验

建筑工程采用的主要材料、半成品、成品、建筑构配件、器具和设备应进行进场检验。凡涉及安全、节能、环境保护和主要使用功能的重要材料、产品,应按各专业工程施工规范、验收规范和设计文件等规定进行复验,并应经监理工程师检查认可。

2. 工序自检

各施工工序应按施工技术标准进行质量控制,每道施工工序完成后,经施工单位自检符合规定后,才能进行下道工序施工。各专业工种之间的相关工序应进行交接检验,并应记录。

对于监理单位提出检查要求的重要工序,应经监理工程师检查认可,才能进行下道工序施工。

(三)抽样复验、试验

符合下列条件之一时,可按相关专业验收规范的规定适当调整抽样复验、试验数量,调整后的抽样复验、试验方案应由施工单位编制,并报监理单位审核确认。

(1)同一项目中由相同施工单位施工的多个单位工程,使用同一生产厂家的同品种、同规格、同批次的材料、构配件、设备;

(2)同一施工单位在现场加工的成品、半成品、构配件用于同一项目中的多个单位工程;

(3)在同一项目中,针对同一抽样对象已有检验成果的可以重复利用。

当专业验收规范对工程中的验收项目未做出相应规定时,应由建设单位组织监理、设计、施工等相关单位制定专项验收要求。涉及安全、节能、环境保护等项目的专项验收要求应由建设单位组织专家论证。

(四)施工质量验收规定

建筑工程施工质量应按以下要求进行验收。

(1)工程质量验收均应在施工单位自检合格的基础上进行。

(2)参加工程施工质量验收的各方人员应具备相应的资格。

(3)检验批的质量应按主控项目和一般项目验收。

(4)对涉及结构安全、节能、环境保护和主要使用功能的试块、试件及材料,应在进场时或施工中按规定进行见证检验。

(5)隐蔽工程在隐蔽前应由施工单位通知监理单位进行验收,并应形成验收文件,验收合格后方可继续施工。

(6)对涉及结构安全、节能、环境保护和使用功能的重要分部工程应在验收前按规定进行抽样检验。

(7)工程的观感质量应由验收人员现场检查,并应共同确认。

（五）检验批的质量检验

检验批的质量检验，可根据检验项目的特点在下列抽样方案中选取。

(1) 计量、计数或计量-计数的抽样方案；

(2) 一次、二次或多次抽样方案；

(3) 对重要的检验项目，当有简易快速的检验方法时，选用全数检验方案；

(4) 根据生产连续性和生产控制稳定性情况，采用调整型抽样方案；

(5) 经实践证明有效的抽样方案。

检验批抽样样本应随机抽取，满足分布均匀、具有代表性的要求，抽样数量应符合有关专业验收规范的规定。

第二节 建筑工程施工质量验收标准

一、建筑工程施工质量验收规范

建筑工程施工质量验收主要依据以下标准与规范：

(1)《建筑工程施工质量验收统一标准》（GB 50300—2013）

(2)《建筑地基基础工程施工质量验收规范》（GB 50202—2013）

(3)《砌体工程施工质量验收规范》（GB 50203—2011）

(4)《混凝土结构工程施工质量验收规范》（GB 50204—2015）

(5)《钢结构工程施工质量验收规范》（GB 50205—2011）

(6)《木结构工程施工质量验收规范》（GB 50206—2012）

(7)《屋面工程施工质量验收规范》（GB 50207—2012）

(8)《地下防水工程施工质量验收规范》（GB 50208—2016）

(9)《建筑地面工程施工质量验收规范》（GB 50209—2010）

(10)《建筑装饰装修工程施工质量验收规范》（GB 50210—2014）

(11)《建筑采暖、给排水工程施工质量验收规范》（GB 50242—2016）

(12)《通风与空调工程施工质量验收规范》（GB 50243—2016）

(13)《建筑电气工程施工质量验收规范》（GB 50303—2015）

(14)《电梯工程施工质量验收规范》（GB 50310—2016）

(15)《智能建筑工程质量验收规范》（GB 50339—2013）

(16)《建筑节能工程施工质量验收规范》（GB 50411—2014）

二、建筑工程施工质量验收规范的实施

(1) 统一标准与专业规范配套使用　统一标准规定各专业规范质量指标设置，包括质量验收程序及组织的规定，单位工程的验收划分、程序和标准。

各专业相应规范是各检验批工程、分项工程质量验收指标的具体内容（验收到分部）。

因此,应与统一标准配合使用。

(2) 质量验收规范与国家有关工程质量的法律、法规、管理标准和有关技术标准相配套。

(3) 贯彻落实系列规范要有完善的技术支持体系。

质量验收规范必须由企业标准作为施工操作、上岗培训、质量控制、质量验收的基础,从而保证质量验收规范的落实。要做到有效控制和科学管理,使质量验收的指标数据化,必须有完善的检测试验手段、试验方法和规定的检测设备,既有可比性,又有规范性。

三、建筑工程质量验收的划分

建筑工程施工质量验收应划分为单位工程、分部工程、分项工程和检验批。

1. 单位工程质量验收的划分

单位工程应按下列原则划分:

(1) 具备独立施工条件并能形成独立使用功能的建筑物或构筑物为一个单位工程;

(2) 对于规模较大的单位工程,可将其能形成独立使用功能的部分划分为一个子单位工程。

2. 分部工程质量验收的划分

分部工程应按下列原则划分:

(1) 可按专业性质、工程部位确定;

(2) 当分部工程较大或较复杂时,可按材料种类、施工特点、施工程序、专业系统及类别将分部工程划分为若干子分部工程。

3. 分项工程质量验收的划分

分项工程可按主要工种、材料、施工工艺、设备类别进行划分。

4. 检验批质量验收的划分

检验批可根据施工、质量控制和专业验收的需要,按工程量、楼层、施工段、变形缝进行划分。

建筑工程的分部工程、分项工程划分可参考表 6-1。

施工前,应由施工单位制定分项工程和检验批的划分方案,并由监理单位审核。对于《建筑工程施工质量验收统一标准》(GB 50300—2013)附录 B 及相关专业验收规范未涵盖的分项工程和检验批,可由建设单位组织监理、施工等单位协商确定。

室外工程可根据专业类别和工程规模按《建筑工程施工质量验收统一标准》(GB 50300—2013)附录 C 的规定划分子单位工程、分部工程、分项工程。

表 6-1 建筑工程的分部工程、分项工程划分

序号	分部工程	子分部工程	分项工程
1	地基与基础	土方	土方开挖,土方回填,场地平整
		基坑支护	灌注桩排桩围护墙,重力式挡土墙,板桩围护墙,型钢水泥土搅拌墙,土钉墙与复合土钉墙,地下连续墙,咬合桩围护墙,沉井与沉箱,钢或混凝土支撑,锚杆(索),与主体结构相结合的基坑支护,降水与排水
		地基处理	素土、灰土地基,砂和砂石地基,土工合成材料地基,粉煤灰地基,强夯地基,注浆加固地基,预压地基,振冲地基,高压喷射注浆地基,水泥土搅拌桩地基,土和灰土挤密桩地基,水泥粉煤灰碎石桩地基,夯实水泥土桩地基,砂桩地基

续表

序号	分部工程	子分部工程	分项工程
1	地基与基础	桩基础	先张法预应力管桩,钢筋混凝土预制桩,钢桩,泥浆护壁混凝土灌注桩,长螺旋钻孔压灌桩,沉管灌注桩,干作业成孔灌注桩,锚杆静压桩
		混凝土基础	模板,钢筋,混凝土,预应力,现浇结构,装配式结构
		砌体基础	砖砌体,混凝土小型空心砌块砌体,石砌体,配筋砌体
		钢结构基础	钢结构焊接,紧固件连接,钢结构制作,钢结构安装,防腐涂料涂装
		钢管混凝土结构基础	构件进场验收,构件现场拼装,柱脚锚固,构件安装,柱与混凝土梁连接,钢管内钢筋骨架,钢管内混凝土浇筑
		型钢混凝土结构基础	型钢焊接,紧固件连接,型钢与钢筋连接,型钢构件组装及预拼装,型钢安装,模板,混凝土
		地下防水	主体结构防水,细部构造防水,特殊施工法结构防水,排水,注浆
2	主体结构	混凝土结构	模板,钢筋,混凝土,预应力,现浇结构,装配式结构
		砌体结构	砖砌体,混凝土小型空心砌块砌体,石砌体,配筋砌体,填充墙砌体
		钢结构	钢结构焊接,紧固件连接,钢零部件加工,钢构件组装及预拼装,单层钢结构安装,多层及高层钢结构安装,钢管结构安装,预应力钢索和膜结构,压型金属板,防腐涂料涂装,防火涂料涂装
		钢管混凝土结构	构件现场拼装,构件安装,柱与混凝土梁连接,钢管内钢筋骨架,钢管内混凝土浇筑
		型钢混凝土结构	型钢焊接,紧固件连接,型钢与钢筋连接,型钢构件组装及预拼装,型钢安装,模板,混凝土
		铝合金结构	铝合金焊接,紧固件连接,铝合金零部件加工,铝合金构件组装,铝合金构件预拼装,铝合金框架结构安装,铝合金空间网格结构安装,铝合金面板,铝合金幕墙结构安装,防腐处理
		木结构	方木和原木结构,胶合木结构,轻型木结构,木结构防护
3	建筑装饰装修	建筑地面	基层铺设,整体面层铺设,板块面层铺设,木、竹面层铺设
		抹灰	一般抹灰,保温层薄抹灰,装饰抹灰,清水砌体勾缝
		外墙防水	外墙砂浆防水,涂膜防水,透气膜防水
		门窗	木门窗安装,金属门窗安装,塑料门窗安装,特种门安装,门窗玻璃安装
		吊顶	整体面层吊顶,板块面层吊顶,格栅吊顶
		轻质隔墙	板材隔墙,骨架隔墙,活动隔墙,玻璃隔墙
		饰面板	石板安装,陶瓷板安装,木板安装,金属板安装,塑料板安装
		饰面砖	外墙饰面砖粘贴,内墙饰面砖粘贴
		幕墙	玻璃幕墙安装,金属幕墙安装,石材幕墙安装,陶板幕墙安装
		涂饰	水性涂料涂饰,溶剂型涂料涂饰,美术涂饰
		裱糊与软包	裱糊,软包
		细部	橱柜制作与安装,窗帘盒和窗台板制作与安装,门窗套制作与安装,护栏和扶手制作与安装,花饰制作与安装

续表

序号	分部工程	子分部工程	分项工程
4	屋面	基层与保护	找坡层和找平层,隔汽层,隔离层,保护层
		保温与隔热	板状材料保温层,纤维材料保温层,喷涂硬泡聚氨酯保温层,现浇泡沫混凝土保温层,种植隔热层,架空隔热层,蓄水隔热层
		防水与密封	卷材防水层,涂膜防水层,复合防水层,接缝密封处理
		瓦面与板面	烧结瓦和混凝土瓦铺装,沥青瓦铺装,金属板铺装,玻璃采光顶铺装
		细部构造	檐口,檐沟和天沟,女儿墙和山墙,水落口,变形缝,伸出屋面管道,屋面出入口,反梁过水孔,设施基座,屋脊,屋顶窗
5	建筑给水排水及供暖	室内给水系统	给水管道及配件安装,给水设备安装,室内消火栓系统安装,消防喷淋系统安装,防腐,绝热,管道冲洗、消毒,试验与调试
		室内排水系统	排水管道及配件安装,雨水管道及配件安装,防腐,试验与调试
		室内热水系统	管道及配件安装,辅助设备安装,防腐,绝热,试验与调试
		卫生器具	卫生器具安装,卫生器具给水配件安装,卫生器具排水管道安装,试验与调试
		室内供暖系统	管道及配件安装,辅助设备安装,散热器安装,低温热水地板辐射供暖系统安装,电加热供暖系统安装,燃气红外辐射供暖系统安装,热风供暖系统安装,热计量及调控装置安装,试验与调试,防腐,绝热
		室外给水管网	给水管道安装,室外消火栓系统安装,试验与调试
		室外排水管网	排水管道安装,排水管沟与井池,试验与调试
		室外供热管网	管道及配件安装,系统水压试验,系统调试,防腐,绝热,试验与调试
		室外二次供热管网	管道及配管安装,土建结构,防腐,绝热,试验与调试
		建筑饮用水供应系统	管道及配件安装,水处理设备及控制设施安装,防腐,绝热,试验与调试
		建筑中水系统及雨水利用系统	建筑中水系统、雨水利用系统管道及配件安装,水处理设备及控制设施安装,防腐,绝热,试验与调试
		游泳池及公共浴池水系统	管道及配件系统安装,水处理设备及控制设施安装,防腐,绝热,试验与调试
		水景喷泉系统	管道系统及配件安装,防腐,绝热,试验与调试
		热源及辅助设备	锅炉安装,辅助设备及管道安装,安全附件安装,换热站安装,防腐,绝热,试验与调试
		监测与控制仪表	检测仪器及仪表安装,试验与调试
6	通风与空调	送风系统	风管与配件制作,部件制作,风管系统安装,风机与空气处理设备安装,风管与设备防腐,系统调试,旋流风口、岗位送风口、织物(布)风管安装
		排风系统	风管与配件制作,部件制作,风管系统安装,风机与空气处理设备安装,风管与设备防腐,系统调试,吸风罩及其他空气处理设备安装,厨房、卫生间排风系统安装
		防排烟系统	风管与配件制作,部件制作,风管系统安装,风机与空气处理设备安装,风管与设备防腐,系统调试,排烟风阀(口)、常闭正压风口、防火风管安装
		除尘系统	风管与配件制作,部件制作,风管系统安装,风机与空气处理设备安装,风管与设备防腐,系统调试,除尘器与排污设备安装,吸尘罩安装,高温风管绝热

续表

序号	分部工程	子分部工程	分项工程
6	通风与空调	舒适性空调系统	风管与配件制作,部件制作,风管系统安装,风机与空气处理设备安装,风管与设备防腐,系统调试,组合式空调机组安装,消声器、静电除尘器、换热器、紫外线灭菌器等设备安装,风机盘管、VAV 与 UFAD 地板送风装置、射流喷口等末端设备安装,风管与设备绝热
		恒温恒湿空调系统	风管与配件制作,部件制作,风管系统安装,风机与空气处理设备安装,风管与设备防腐,系统调试,组合式空调机组安装,电加热器、加湿器等设备安装,精密空调机组安装,风管与设备绝热
		净化空调系统	风管与配件制作,部件制作,风管系统安装,风机与空气处理设备安装,风管与设备防腐,系统调试,净化空调机组安装,消声器、静电除尘器、换热器、紫外线灭菌器等设备安装,中、高效过滤器及风机过滤器单元(FFU)等末端设备清洗与安装,洁净度测试,风管与设备绝热
		地下人防通风系统	风管与配件制作,部件制作,风管系统安装,风机与空气处理设备安装,风管与设备防腐,系统调试,风机与空气处理设备安装,过滤吸收器、防爆波活门、防爆超压排气活门等专用设备安装
		真空吸尘系统	风管与配件制作,部件制作,风管系统安装,风机与空气处理设备安装,风管与设备防腐,管道安装,快速接口安装,风机与滤尘设备安装,系统压力试验及调试
		冷凝水系统	管道系统及部件安装,水泵及附属设备安装,管道、设备防腐与绝热,管道冲洗与管内防腐,系统灌水渗漏及排放试验
		空调(冷、热)水系统	管道系统及部件安装,水泵及附属设备安装,管道、设备防腐与绝热,管道冲洗与管内防腐,系统压力试验及调试,板式热交换器,辐射板及辐射供热、供冷地埋管,热泵机组设备安装
		冷却水系统	管道系统及部件安装,水泵及附属设备安装,管道、设备防腐与绝热,管道冲洗与管内防腐,系统压力试验及调试,冷却塔与水处理设备安装,防冻伴热设备安装
		土壤源热泵换热系统	管道系统及部件安装,水泵及附属设备安装,管道、设备防腐与绝热,管道冲洗与管内防腐,系统压力试验及调试,埋地换热系统与管网安装
		水源热泵换热系统	管道系统及部件安装,水泵及附属设备安装,管道、设备防腐与绝热,管道冲洗与管内防腐,系统压力试验及调试,地表水源换热管及管网安装,除垢设备安装
		蓄能系统	管道系统及部件安装,水泵及附属设备安装,管道、设备防腐与绝热,管道冲洗与管内防腐,系统压力试验及调试,蓄水罐与蓄冰槽、罐安装
		压缩式制冷(热)设备系统	制冷机组及附属设备安装,管道、设备防腐与绝热,系统压力试验及调试,制冷剂管道及部件安装,制冷剂灌注
		吸收式制冷设备系统	制冷机组及附属设备安装,管道、设备防腐与绝热,试验及调试,系统真空试验,溴化锂溶液加灌,蒸汽管道系统安装,燃气或燃油设备安装
		多联机(热泵)空调系统	室外机组安装,室内机组安装,制冷剂管路连接及控制开关安装,风管安装,冷凝水管道安装,制冷剂灌注,系统压力试验及调试
		太阳能供暖空调系统	太阳能集热器安装,其他辅助能源、换热设备安装,蓄能水箱、管道及配件安装,系统压力试验及调试,防腐,绝热,低温热水地板辐射采暖系统安装
		设备自控系统	温度、压力与流量传感器安装,执行机构安装调试,防排烟系统功能测试,自动控制及系统智能控制软件调试

续表

序号	分部工程	子分部工程	分项工程
7	建筑电气	室外电气	变压器、箱式变电所安装,成套配电柜、控制柜(屏、台)和动力、照明配电箱(盘)及控制柜安装,梯架、托盘和槽盒安装,导管敷设,电缆敷设,管内穿线和槽盒内敷线,电缆头制作,导线连接,线路绝缘测试,普通灯具安装,专用灯具安装,建筑照明通电试运行,接地装置安装
		变配电室	变压器、箱式变电所安装,成套配电柜、控制柜(屏、台)和动力、照明配电箱(盘)安装,母线槽安装,梯架、托盘和槽盒安装,电缆敷设,电缆头制作,导线连接,线路电气试验,接地装置安装,接地干线敷设
		供电干线	电气设备试验和试运行,母线槽安装,梯架、托盘和槽盒安装,导管敷设,电缆敷设,管内穿线和槽盒内敷线,电缆头制作,导线连接,线路绝缘测试,接地干线敷设
		电气动力	成套配电柜、控制柜(屏、台)和动力、照明配电箱(盘)安装,电动机、电加热器及电动执行机构检查接线,电气设备试验和试运行,梯架、托盘和槽盒安装,导管敷设,电缆敷设,管内穿线和槽盒内敷线,电缆头制作,导线连接,线路绝缘测试,开关、插座、风扇安装
		电气照明	成套配电柜、控制柜(屏、台)和动力、照明配电箱(盘)安装,梯架、托盘和槽盒安装,导管敷设,管内穿线和槽盒内敷线,塑料护套线直敷布线,钢索配线,电缆头制作,导线连接,线路绝缘测试,普通灯具安装,专用灯具安装,开关、插座、风扇安装,建筑照明通电试运行
		备用和不间断电源	成套配电柜、控制柜(屏、台)和动力、照明配电箱(盘)安装,柴油发电机组安装,不间断电源装置(UPS)及应急电源装置(EPS)安装,母线槽安装,导管敷设,电缆敷设,管内穿线和槽盒内敷线,电缆头制作,导线连接,线路绝缘测试,接地装置安装
		防雷及接地	接地装置安装,避雷引下线及接闪器安装,建筑物等电位连接
8	智能建筑	智能化集成系统	设备安装,软件安装,接口及系统调试,试运行
		信息接入系统	安装场地检查
		用户电话交换系统	线缆敷设,设备安装,软件安装,接口及系统调试,试运行
		信息网络系统	计算机网络设备安装,计算机网络软件安装,网络安全设备安装,网络安全软件安装,系统调试,试运行
		综合布线系统	梯架、托盘、槽盒和导管安装,线缆敷设,机柜、机架、配线架安装,信息插座安装,链路或信道测试,软件安装,系统调试,试运行
		移动通信室内信号覆盖系统	安装场地检查
		卫星通信系统	安装场地检查
		有线电视及卫星电视接收系统	梯架、托盘、槽盒和导管安装,线缆敷设,设备安装,软件安装,系统调试,试运行
		公共广播系统	梯架、托盘、槽盒和导管安装,线缆敷设,设备安装,软件安装,系统调试,试运行
		会议系统	梯架、托盘、槽盒和导管安装,线缆敷设,设备安装,软件安装,系统调试,试运行
		信息导引及发布系统	梯架、托盘、槽盒和导管安装,线缆敷设,显示设备安装,机房设备安装,软件安装,系统调试,试运行
		时钟系统	梯架、托盘、槽盒和导管安装,线缆敷设,设备安装,软件安装,系统调试,试运行

续表

序号	分部工程	子分部工程	分项工程
8	智能建筑	信息化应用系统	梯架、托盘、槽盒和导管安装,线缆敷设,设备安装,软件安装,系统调试,试运行
		建筑设备监控系统	梯架、托盘、槽盒和导管安装,线缆敷设,传感器安装,执行器安装,控制器、箱安装,中央管理工作站和操作分站设备安装,软件安装,系统调试,试运行
		火灾自动报警系统	梯架、托盘、槽盒和导管安装,线缆敷设,探测器类设备安装,控制器类设备安装,其他设备安装,软件安装,系统调试,试运行
		安全技术防范系统	梯架、托盘、槽盒和导管安装,线缆敷设,设备安装,软件安装,系统调试,试运行
		应急响应系统	设备安装,软件安装,系统调试,试运行
		机房	供配电系统,防雷与接地系统,空气调节系统,给水排水系统,综合布线系统,监控与安全防范系统,消防系统,室内装饰装修,电磁屏蔽,系统调试,试运行
		防雷与接地	接地装置,接地线,等电位联接,屏蔽设施,电涌保护器,线缆敷设,系统调试,试运行
9	建筑节能	围护系统节能	墙体节能,幕墙节能,门窗节能,屋面节能,地面节能
		供暖空调设备及管网节能	供暖节能,通风与空调设备节能,空调与供暖系统冷热源节能,空调与供暖系统管网节能
		电气动力节能	配电节能,照明节能
		监控系统节能	监测系统节能,控制系统节能
		可再生能源	地源热泵系统节能,太阳能光热系统节能,太阳能光伏节能
10	电梯	电力驱动的曳引式或强制式电梯	设备进场验收,土建交接检验,驱动主机,导轨,门系统,轿厢,对重,安全部件,悬挂装置,随行电缆,补偿装置,电气装置,整机安装
		液压电梯	设备进场验收,土建交接检验,液压系统,导轨,门系统,轿厢,对重,安全部件,悬挂装置,随行电缆,电气装置,整机安装
		自动扶梯、自动人行道	设备进场验收,土建交接检验,整机安装

四、建筑工程质量验收

1. 检验批质量验收

检验批质量验收合格应符合下列规定:

（1）主控项目的质量经抽样检验均应合格。

（2）一般项目的质量经抽样检验合格。当采用计数抽样时,合格点率应符合有关专业验收规范的规定,且不得存在严重缺陷。对于计数抽样的一般项目,正常检验一次、二次抽样可按《建筑工程施工质量验收统一标准》（GB 50300—2013）附录D判定。

（3）具有完整的施工操作依据、质量验收记录。

2. 分项工程质量验收

分项工程质量验收合格应符合下列规定:

(1) 所含检验批的质量均应验收合格；

(2) 所含检验批的质量验收记录应完整。

3. 分部工程质量验收

分部工程质量验收合格应符合下列规定：

(1) 所含分项工程的质量均应验收合格；

(2) 质量控制资料应完整；

(3) 有关安全、节能、环境保护和主要使用功能的抽样检验结果应符合相应规定；

(4) 观感质量应符合要求。

4. 单位工程质量验收

单位工程质量验收合格应符合下列规定：

(1) 所含分部工程的质量均应验收合格；

(2) 质量控制资料应完整；

(3) 所含分部工程中有关安全、节能、环境保护和主要使用功能的检验资料应完整；

(4) 主要使用功能的抽查结果应符合相关专业验收规范的规定；

(5) 观感质量应符合要求。

5. 建筑工程施工质量验收记录填写

(1) 检验批质量验收记录可根据现场检查原始记录按《建筑工程施工质量验收统一标准》(GB 50300—2013) 附录 E 填写，现场检查原始记录应在单位工程竣工验收前保留，并可追溯；

(2) 分项工程质量验收记录可按《建筑工程施工质量验收统一标准》(GB 50300—2013) 附录 F 填写；

(3) 分部工程质量验收记录可按《建筑工程施工质量验收统一标准》(GB 50300—2013) 附录 G 填写；

(4) 单位工程质量竣工验收记录、质量控制资料核查记录、安全和功能检验资料核查及主要功能抽查记录、观感质量检查记录应按《建筑工程施工质量验收统一标准》(GB 50300—2013) 附录 H 填写。

6. 建筑工程施工质量不符合要求的处理

当建筑工程施工质量不符合要求时，应按下列规定进行处理：

(1) 经返工或返修的检验批，应重新进行验收；

(2) 经有资质的检测机构检测鉴定能够达到设计要求的检验批，应予以验收；

(3) 经有资质的检测机构检测鉴定达不到设计要求、但经原设计单位核算认可能够满足安全和使用功能的检验批，可予以验收；

(4) 经返修或加固处理的分项、分部工程，满足安全及使用功能要求时，可按技术处理方案和协商文件的要求予以验收。

工程质量控制资料应齐全完整，当部分资料缺失时，应委托有资质的检测机构按有关标准进行相应的实体检验或抽样试验。

经返修或加固处理仍不能满足安全或重要使用功能的分部工程及单位工程，严禁验收。

第三节 建筑工程质量验收的程序和组织

一、检验批质量验收的程序和组织

检验批应由专业监理工程师组织施工单位项目专业质量检查员、专业工长等进行验收。

二、分项工程质量验收的程序和组织

分项工程应由专业监理工程师组织施工单位项目专业技术负责人等进行验收。

三、分部工程质量验收的程序和组织

分部工程应由总监理工程师组织施工单位项目负责人和项目技术负责人等进行验收。

勘察、设计单位项目负责人和施工单位技术、质量部门负责人应参加地基与基础分部工程的验收。

设计单位项目负责人和施工单位技术、质量部门负责人应参加主体结构、节能分部工程的验收。

四、单位工程质量验收的程序和组织

单位工程中的分包工程完工后，分包单位应对所承包的工程项目进行自检，并应按规定的程序进行验收。验收时，总包单位应派人参加。分包单位应将所分包工程的质量控制资料整理完整，并移交给总包单位。

单位工程完工后，施工单位应组织有关人员进行自检。总监理工程师应组织各专业监理工程师对工程质量进行竣工预验收。存在施工质量问题时，应由施工单位整改。整改完毕后，由施工单位向建设单位提交工程竣工报告，申请工程竣工验收。

建设单位收到工程竣工报告后，应由建设单位项目负责人组织监理、施工、设计、勘察等单位项目负责人进行单位工程验收。

习题

一、简答题

1. 什么是进场验收？
2. 什么是见证取样检验？
3. 什么是主控项目，什么是一般项目？
4. 分项工程的划分原则是什么？
5. 什么是检验批验收，验收需要符合哪些规定？

6. 分部（子分部）工程验收的合格标准是什么？
7. 分项工程的验收程序是什么？
8. 分部（子分部）工程的验收程序是什么？
9. 单位工程的验收程序是什么？
10. 单位工程的验收是如何组织的？

二、案例题

【背景资料】

某厂拟建一钢筋混凝土排架结构单层厂房，通过招标方式选择某建筑公司承建，于 2014 年 3 月 18 日开工建设，合同工期 300 日历天。在施工过程中，对柱子质量进行检查。发现有 10 根柱子存在不同程度的质量问题。

事件一：其中有两根柱子经有资质的检测单位检测鉴定，能够达到设计要求。

事件二：另有两根柱子经有资质的检测单位检测鉴定，达不到设计要求，但请原设计单位核算，能够满足结构安全和使用功能。

事件三：有三根柱子经有资质的检测单位检测鉴定，达不到设计要求，并请原设计单位核算，不能满足结构安全和使用功能，经协商进行加固补强，在柱子外再放部分钢筋，再浇混凝土，补强后能够满足安全使用要求。

事件四：还有三根柱子混凝土强度与设计要求相差甚远，加固补强仍不能满足安全使用要求。

【问题】

（1）对事件一应如何处理？依据是什么？
（2）对事件二应如何处理？依据是什么？
（3）对事件三应如何处理？依据是什么？
（4）对事件四应如何处理？依据是什么？

第七章 建筑工程资料归档整理

学习目标

- 熟悉各单位在建筑工程资料归档管理中的职责
- 掌握建筑工程资料归档的范围和各项要求
- 掌握建筑工程资料组卷的原则和方法
- 掌握建筑工程资料案卷的排列、编目、装订与装具
- 掌握建筑工程资料验收与移交方法

能力目标

- 能够编制建筑工程资料归档文件
- 能够收集及整理建筑工程资料归档文件
- 能够对建筑工程资料文件进行归档

第一节 概述

一、建筑工程资料归档的含义

建筑工程技术资料的归档是指工程技术资料的形成单位在完成工作任务后，将形成的资料整理、组卷、按规定移交档案管理机构的整个过程。

归档具有以下两个方面的含义：

（1）建设、勘察、设计、施工及监理单位将本单位在工程建设过程中形成的文件向本单位档案管理机构移交。

（2）勘察、设计、施工、监理等单位将本单位在工程建设过程中形成的文件向建设单位档案管理机构移交。

建设单位按照现行的《建设工程文件归档整理规范》（GB/T 50328—2014）的要求，将汇总的该建设工程文件档案向地方城建档案管理部门移交。

二、建筑工程资料归档管理职责

建筑工程资料管理职责包括建设单位、监理单位、施工单位及城建档案馆在内的全部工程资料的编制和管理单位。

1. 通用职责

（1）工程各参建单位填写的建设工程档案应以施工及验收规范、工程合同、设计文件、工程施工质量验收统一标准等为依据。

（2）工程档案资料应随工程进度及时收集、整理，并应按专业分类，认真书写，字迹清楚，项目齐全、准确、真实，无未了事项，表格应采用统一表格，特殊要求需增加的表格应统一归类。

（3）工程档案进行分级管理，建设工程项目各单位技术负责人负责本单位工程档案资料的全过程组织工作并负责审核，各相关单位档案管理员负责工程档案资料的收集、整理工作。

（4）对工程档案进行涂改、伪造、随意抽撤或损毁、丢失等，应按有关规定予以处罚，情节严重的，应依法追究法律责任。

2. 建设单位职责

（1）在工程招标及与勘察、设计、施工、监理等单位签订协议、合同时，应对工程文件的套数、费用、质量、移交时间等提出明确要求。

（2）收集和整理工程准备阶段、竣工验收阶段形成的文件，并应进行组卷归档。

（3）负责组织、监督和检查勘察、设计、施工、监理等单位的工程文件的形成、积累和组卷归档工作，也可委托监理单位监督、检查工程文件的形成、积累和组卷归档工作。

（4）收集和汇总勘察、设计、施工、监理等单位组卷归档的工程档案。

（5）在组织工程竣工验收前，应提请当地的城建档案管理机构对工程档案进行预验收；未取得工程档案验收认可文件，不得组织工程竣工验收。

（6）对列入城建档案管理部门接收范围的工程，工程竣工验收后3个月内，向当地城建档案管理部门移交一套符合规定的工程资料。

（7）必须和参与工程建设的勘察、设计、施工、监理等单位提供与建设工程有关的原始资料，原始资料必须真实、准确、齐全。

（8）可委托承包单位、监理单位组织工程档案的编制工作，负责组织竣工图的绘制工作，也可委托承包单位、监理单位或设计单位完成，收费标准按照所在地区相关文件执行。

3. 监理单位职责

（1）应设专人负责监理资料的收集、整理和归档工作，在项目监理部，监理资料的管理应由总监理工程师负责，并指定专人具体实施，监理资料应在各阶段监理工作结束后及时整理归档。

（2）监理资料必须及时整理、真实完整、分类有序。在设计阶段，对勘察、测绘、设计单位的工程文件的形成、积累和组卷归档进行监督、检查；在施工阶段，对施工单位的工程文件的形成、积累、组卷归档进行监督、检查。

（3）可以按照委托监理合同的约定，接受建设单位的委托，监督、检查工程文件的形成积累和立案归档工作。

（4）编制的监理文件的套数、提交内容、提交时间，应按照现行的《建设工程文件归档整理规范》(GB/T 50328—2014)和各地城建归档管理部门的要求，编制移交清单，双方签字、盖章后，及时移交建设单位，由建设单位收集和汇总。监理公司档案部门需要的监理档案，按照《建设工程监理规范》(GB 50319—2013)的要求，及时由项目监理部提供。

4. 施工单位职责

(1) 实行技术负责人负责制，逐级建立、健全施工文件管理岗位责任制，配备专职档案管理员，负责施工资料的管理工作。工程项目的施工文件应设专门的部门（专人）负责收集和整理。

(2) 建设工程实行总承包的，总承包单位负责收集汇总各分包单位形成的工程档案，各分包单位应将本单位形成的工程文件整理、组卷后及时移交总承包单位。建设工程项目由几个单位承包的，各承包单位负责收集、整理、组卷其承包项目的工程文件，并应及时向建设单位移交，各承包单位应保证归档文件的完整、准确、系统，能够全面反映工程建设的全过程。

(3) 可以按照施工合同的约定，接受建设单位的委托进行工程档案的组织、编制工作。

(4) 按要求在竣工前将施工文件整理汇总完毕，再移交建设单位进行竣工验收。

(5) 负责编制的施工文件的套数不得少于地方城建档案管理部门的要求，但应有完整施工文件移交建设单位及自行保存，保存期可根据工程性质以及地方城建档案管理部门有关要求确定。如建设单位对施工文件的编制套数有特殊要求的，可另行规定。

5. 城建档案管理部门职责

(1) 负责接收和保管所辖范围应当永久和长期保存的工程档案和有关资料。

(2) 负责对城建档案工作进行业务指导，监督和检查有关城建档案法规的实施。

(3) 列入向本部门报送工程档案范围的工程项目，其竣工验收应由本部门参加并负责对移交的工程档案进行验收。

第二节 建筑工程资料收集、整理与组卷

一、建筑工程资料的收集、整理与组卷

工程装备阶段文件和工程竣工文件应由建设单位负责收集、整理与组卷。监理资料应由监理单位负责收集、整理与组卷。施工资料应由施工单位负责收集、整理与组卷。竣工图应由建设单位负责组织，也可委托其他单位。

二、建筑工程资料的组卷

工程资料组卷应遵循工程文件的自然形成规律，保持卷内文件、资料内在联系，便于档案的保管和利用。工程资料可根据数量多少组成一卷或多卷。一个建设工程由多个单位工程组成时，工程文件应按单位工程组卷。

工程准备阶段和工程竣工文件可按建设项目或单位工程进行组卷。监理资料应按单位工程组卷。

(1) 施工资料应按单位工程组卷，并应符合下列规定：

① 专业承包工程形成的施工资料应由专业承包单位负责，并应单独组卷。
② 电梯应按不同型号每台电梯单独组卷。
③ 室外工程应按室外建筑环境、室外安装工程单独组卷。
④ 当施工资料中部分内容不能按一个单位工程分类组卷时，可按建设项目组卷。
⑤ 施工资料目录应与其对应的施工资料一起组卷。
⑥ 竣工图应按专业分类组卷。
（2）组卷过程中宜遵守下列要求：
① 组卷不宜过厚，一般不超过 40mm。
② 案卷内不应有重份文件。
③ 不同载体的文件一般应分别组卷。

三、卷内文件的排列

文字材料按事项、专业顺序排列。同一事项的请示与批复、同一文件的印本与定稿、主件与附件不能分开，并按批复在前、请示在后，印本在前、定稿在后，主件在前、附件在后的顺序排列。

图纸按专业排列，同专业图纸按图号顺序排列。

既有文字材料又有图纸的案卷，文字材料排前，图纸排后。

四、案卷的编目

1. 卷内文件页号的编制

编制卷内文件页号应符合下列规定。
（1）卷内文件均按有书写内容的页面编号。每卷单独编号，页号从"1"开始。
（2）页号编写位置：单面书写的文件在右下角；双面书写的文件，正面右下角，背面在左下角。折叠后的图纸一律在右下角。
（3）成套图纸或印刷成册的科技文件材料，自成一卷的，原目录可代替卷内目录，不必重新编写页码。
（4）案卷封面、卷内目录、卷内备考表不编写页号。

2. 目录的编制

卷内目录的编制应符合下列规定。
（1）卷内目录式样宜符合规范的要求。
（2）序号：以一份文件为单位，用阿拉伯数字从 1 依次标注。
（3）责任者：填写文件的直接形成单位和个人。有多个责任者时，选择两个主要责任者，其余用"等"代替。
（4）文件编号：填写工程文件原有的文号或图号。
（5）文件题名：填写文件标题的全称。
（6）日期：填写文件形成的日期。
（7）页次：填写文件在卷内所排的起始页号。最后一份文件填写起止页号。
（8）卷内目录排列在卷内文件首页之前。

3. 编制卷内备考表

卷内备考表的编制应符合下列规定。

（1）卷内备考表的式样宜符合规范的要求。

（2）卷内备考表主要标明卷内文件总页数、各类文件页数（照片张数），以及组卷单位对案卷情况的说明。

（3）卷内备考表排列在卷内文件的尾页之后。

4. 案卷封面的编制

案卷封面的编制应符合下列规定。

（1）案卷封面印刷在卷盒、卷夹的正表面，也可以采用内封面形式。案卷封面的式样宜符合规范的要求。

（2）案卷封面的内容应包括：档号、档案馆代号、案卷题名、编制单位、起止日期、密级、保管期限、共几卷、第几卷。

（3）档号应由分类号、项目号和案卷号组成。档号由档案保管单位填写。

（4）档案馆代号应填写国家给定的本档案馆的编号。档案馆代号由档案馆填写。

（5）案卷题名应简明、准确地揭示卷内文件的内容。案卷题名应包括工程名称、专业名称、卷内文件的内容。

（6）编制单位应填写案卷内文件的形成单位或主要责任者。

（7）起止日期应填写案卷内全部文件形成的起止日期。

（8）保管期限分为永久、长期、短期3种期限。其中，永久是指工程档案需永久保存；长期是指工程档案的保存期限等于该工程的使用寿命；短期是指工程档案保存20年以下。同一案卷内有不同保管期限的文件，该案卷保管期限应从长。

（9）密级分为绝密、机密、秘密3种。同一案卷内有不同密级的文件，应以高密级为本卷密级。

5. 其他

卷内目录、卷内备考表、案卷内封面应采用70g以上白色书写纸制作，幅面统一采用A4幅面。

五、案卷的装订

案卷可采用装订与不装订两种形式。文字材料必须装订。既有文字材料，又有图纸的案卷应装订。装订应采用线绳三孔左侧装订法，要整齐、牢固，便于保管和利用。

装订时必须剔除金属物。

六、案卷的装具

案卷装具一般采用卷盒、卷夹两种形式。

（1）卷盒的外表尺寸为310mm×220mm，厚度分别为20mm、30mm、40mm、50mm。

（2）卷夹的外表尺寸为310mm×220mm，厚度一般为20~30mm。

（3）卷盒、卷夹应采用无酸纸制作。

案卷脊背的内容包括档案号、案卷题名，式样宜符合规范的要求。

第三节 建筑工程资料的归档

一、归档的范围

对与工程建设有关的重要活动、记载工程建设主要过程和现状、具有保存价值的各种载体的文件，均应收集齐全，整理组卷后归档。工程文件的具体归档范围详见前述各章中有关来源及保存的相关表述。

二、归档的质量要求

归档文件应符合以下质量要求。

（1）归档的工程文件一般应为原件。

（2）工程文件的内容及其深度必须符合国家有关工程勘察、设计、施工、监理等方面的技术规范、标准和规程。

（3）工程文件的内容必须真实、准确，与工程实际相符。

（4）工程文件应采用耐久性强的书写材料，如碳素墨水、蓝黑墨水，不得使用易褪色的书写材料，如红色墨水、纯蓝墨水、圆珠笔、复写纸、铅笔等。

（5）工程文件应字迹清晰，图样清晰，图表整洁，签字盖章手续完备。

（6）工程文件中文字材料画幅尺寸规格宜为 A4 幅面（297mm×210mm）。图纸宜采用国家标准图幅。

（7）工程文件的纸张应采用能够长期保存的韧力大、耐久性强的纸张。图纸一般采用蓝晒图，竣工图应是新蓝图。计算机出图必须清晰，不得使用计算机所出图纸的复印件。

（8）所有竣工图均应加盖竣工图章。

（9）利用施工图改绘竣工图，必须标明变更修改依据；凡施工图结构、工艺、平面布置等有重大改变，或变更部分超过图面三分之一的，应当重新绘制竣工图。

（10）不同幅图的工程图纸应按《技术制图复制图的折叠方法》（GB/T 10609.3—2009）统一折叠成 A4 幅面，图标栏露在外面。

（11）工程档案资料的缩微制品，必须按国家缩微标准进行制作，主要技术指标（解像力，密度，海波残留量等）要符合国家标准，保证质量，以适应长期安全保管。

（12）工程档案资料的照片（含底片）及声像档案，要求图像清晰，声音清楚，文字说明或内容准确。

（13）工程文件应采用打印的形式并使用档案规定用笔，手工签字，在不能够使用原件时，应在复印件或抄件上加盖公章并注明原件保存处。

三、归档的时间

归档时间应符合下列规定。

(1) 根据建设程序和工程特点，归档可以分阶段分期进行，也可以在单位或分部工程通过竣工验收后进行。

(2) 勘察、设计单位应当在任务完成时，施工、监理单位应当在工程竣工验收前，将各自形成的有关工程档案向建设单位归档。

四、归档的数量及保存期限

工程档案一般不少于两套，一套由建设单位保管，一套（原件）移交当地城建档案馆（室）。

归档保存的工程资料，其保存期限应符合下列规定。

(1) 工程资料归档保存期限应符合国家现行有关标准的规定；当无规定时，不宜少于5年。

(2) 建设单位工程资料归档保存期限应满足工程维护、修缮、改造、加固的需要。

(3) 施工单位工程资料归档保存期限应满足工程质量保修及质量追溯的需要。

五、归档程序的要求

勘察、设计、施工单位在收齐工程文件并整理组卷后，建设单位、监理单位应根据城建档案管理机构的要求对档案文件完整、准确、系统情况和案卷质量进行审查，审查合格后向建设单位移交。

勘察、设计、施工、监理等单位向建设单位移交档案时，应编制移交清单，双方签字、盖章后方可交接。

第四节 建筑工程档案的验收与移交

一、建筑工程档案验收的内容

列入城建档案管理部门档案接收范围的工程，建设单位在组织工程竣工验收前，应提请城建档案管理部门对工程档案进行预验收。建设单位未取得城建档案管理部门出具的认可文件，不得组织工程竣工验收。

城建档案管理部门在进行工程档案预验收时，应重点验收以下内容。

(1) 工程档案分类齐全、系统完整。

(2) 工程档案的内容真实、准确地反映工程建设活动和工程实际状况。

(3) 工程档案已整理组卷，组卷符合现行《建设工程文件归档整理规范》的规定。

(4) 竣工图绘制方法、图式及规格等符合专业技术要求，图面整洁，盖有竣工图章。

(5) 文件的形成、来源符合实际，要求单位或个人签章的文件，其签章手续完备。

(6) 文件材质、幅画、书写、绘图、用墨、托裱等符合要求。

国家、省市重点工程项目或一些特大型、大型的工程项目的预验收和验收，必须有地方城建档案管理部门参加。

为确保工程档案的质量，各编制单位、地方城建档案管理部门、建设行政管理部门等要对工程档案进行严格检查、验收。编制单位、制图人、审核人、技术负责人必须进行签字或盖章。对不符合技术要求的，一律退回编制单位进行改正、补齐，问题严重者可令其重做。不符合要求者，不能交工验收。

凡报送的工程档案，如验收不合格将其退回建设单位，由建设单位责成责任者重新进行编制，待达到要求后重新报送。检查验收人员应对接收的档案负责。

地方城建档案管理部门负责工程档案的最后验收，并对编制报送工程档案进行业务指导、督促和检查。

二、建筑工程档案的移交

工程资料移交归档应符合国家现行有关法规和标准的规定；当无规定时，应按合同约定移交归档。

工程资料移交应符合下列规定：

（1）施工单位应向建设单位移交施工资料。

（2）实行施工总承包的，各专业承包单位应向施工总承包单位移交施工资料。

（3）监理单位应向建设单位移交监理资料。

（4）工程资料移交时应及时办理相关移交手续，填写工程资料移交书、移交目录。

（5）建设单位应按国家有关法规和标准的规定向城建档案管理部门移交工程档案，并办理相关手续。有条件时，向城建档案管理部门移交的工程档案应为原件。

列入城建档案管理部门接收范围的工程，建设单位在工程竣工验收后 3 个月内向城建档案管理部门移交一套符合规定的工程档案。

停建、缓建工程的工程档案，暂由建设单位保管。

对改建、扩建和维修工程，建设单位应当组织设计单位、监理单位、施工单位据实修改、补充和完善工程档案。对改变的部位，应当重新编写工程档案，并在工程竣工验收后 3 个月内向城建档案管理部门移交。

建设单位向城建档案管理部门移交工程档案时，应办理移交手续，填写移交目录，双方签字、盖章后交接。

施工单位、监理单位等有关单位应在工程竣工验收前将工程档案按合同或协议规定的时间、套数移交给建设单位，办理移交手续。

习 题

一、单选题

1．归档的工程文件一般应为（   ）。
A．存档和处理　　　　B．原件　　　　C．复印件　　　　D．收集和存储

2．工程文件应字迹清楚，图样清晰，图表整洁，（   ）手续齐全。
A．签字手续　　　　B．盖章手续　　　　C．签字盖章手续　　　　D．报表

3．按照归档工程文件的组卷要求，一个建设工程由多个单位工程组成时，工程文件可按

（　　）组卷。

A. 单项工程　　　　B. 单位工程　　　　C. 分项工程　　　　D. 分部工程

4. 按照归档工程文件的组卷要求，卷内文件页号编写位置：单页书写的文字在右下角；双面书写的文件，正面在右下角，背面在左下角。折叠后的图纸一律在（　　）。

A. 右下角　　　　　B. 左下角　　　　　C. 左上角　　　　　D. 右上角

5. 竣工验收期的竣工图分为（　　）和市政基础设施工程两大类分别收集。

A. 建筑安装工程　　　　　　　　　　B. 建筑装饰装修工程

C. 建筑屋面工程　　　　　　　　　　D. 地基与基础工程

6. 按照归档工程文件的组卷要求，立卷要求案卷不宜过厚，一般不超过（　　）；案卷内不应有重份文件，不同载体的文件一般应分别组卷。

A. 10mm　　　　　B. 20mm　　　　　C. 30mm　　　　　D. 40mm

7. 按照归档工程文件的组卷要求，卷内文件的排列，既有文字材料又有图纸的案卷，（　　）。

A. 文字材料排后，图纸排前　　　　　B. 文字材料排前，图纸排后

C. 文字材料和图纸随便排列　　　　　D. 交叉排列

8. 按照归档文件的质量要求，工程文件应采用打印的形式并使用档案规定用笔，手工签字，在不能够使用原件时，应在复印件或抄件上加盖公章并注明（　　）保存处。

A. 原件　　　　　　B. 复印件　　　　　C. 档案　　　　　　D. 文件

9. 按照归档文件的质量要求，所有竣工图均应加盖（　　）。

A. 公章　　　　　　B. 名章　　　　　　C. 竣工图章　　　　D. 图章

10. 按照归档工程文件的组卷要求，卷内文件均按有书写内容的页面编号。每卷单独编号，页号从（　　）开始。

A. 从"0"开始　　　　　　　　　　　B. 从"1"开始

C. 从"2"开始　　　　　　　　　　　D. 从"3"开始

二、简答题

1. 简述各单位在建筑工程资料归档管理中的通用职责。
2. 简述建筑工程资料归档的质量要求。
3. 建筑工程资料归档的时间、数量和程序要求分别是什么？
4. 卷内文件应如何排列？
5. 卷内文件页号的编写应符合哪些要求？
6. 卷内目录的编制应符合哪些要求？
7. 建筑工程档案预验收的内容有哪些？
8. 什么叫组卷？对组卷的内容要求是什么？对组卷的形式要求是什么？

第八章　建筑工程竣工验收备案

> **学习目标**
>
> - 了解工程竣工验收备案的范围
> - 熟悉工程竣工验收备案应提交的文件
> - 掌握工程竣工验收备案的程序
> - 了解施工准备阶段施工单位的备案基础工作
> - 熟悉施工单位项目开工的质量控制要点
> - 掌握施工过程中施工单位的备案实施要点
> - 掌握验收阶段施工单位备案实施要点

> **能力目标**
>
> - 能够编制建筑工程竣工验收备案文件
> - 能够收集及整理建筑工程竣工验收备案文件
> - 能够对建筑工程竣工验收备案文件进行归档

第一节　工程竣工验收备案管理

工程竣工验收备案是指建设单位应当自工程竣工验收合格之日起15日内,向工程所在地的县级以上地方人民政府建设行政主管部门备案,即将工程的相关行政审批文件、质量验收文件、工程质量保修文件等送主管部门审查存档。

一、工程竣工验收备案的范围

凡在中华人民共和国境内从事建设工程的新建、改建、扩建等有关活动及实施对建设工程质量监督管理的竣工工程,都需要进行竣工验收备案。

二、竣工验收备案文件

建设单位办理工程竣工验收备案应当提交以下文件。

(1) 工程竣工验收备案表。

(2) 工程竣工验收报告，其内容包括工程报建日期，施工许可证号，施工图设计文件审查意见，勘察、设计、施工、工程监理等单位分别签署的质量合格文件及验收人员签署的竣工验收原始文件，市政基础设施的有关质量检测和功能性试验资料以及建设行政主管部门认为需要提供的相关资料。

(3) 法律、法规规定的应当由规划、消防、环保等部门出具的认可文件或者准许使用文件。

(4) 房屋建筑工程质量保修书，商品住宅工程还应同时提供该房地产开发企业签署的住宅质量保证书和住宅使用说明书。

(5) 有关法规、规章规定必须提供的其他文件。

三、竣工验收备案的程序

(1) 建设单位到竣工验收备案管理部门领取建设工程竣工验收备案表。

与此同时，建设单位将竣工验收的时间、地点、验收组名单及各项验收报告报送负责监理该工程的质量监督部门，准备对该工程竣工验收进行监督。

(2) 自工程竣工验收合格之日起15个工作日内，建设单位将建设工程竣工验收备案表一式两份和竣工验收备案文件报送工程竣工验收备案管理部门。

(3) 工程质量监理部门在工程竣工验收合格后5个工作日内，向工程竣工验收备案管理部门报送工程质量监督报告。

(4) 备案管理机构负责人审阅建设工程竣工验收备案表和备案文件，审查符合要求后，在表中备案管理部门处理意见栏填写"准予该工程竣工验收备案"意见，加盖"工程竣工验收备案"专用章。

工程竣工验收备案表一式两份，备案管理部门将其中一份备案表发给建设单位，另一份备案表及全部备案资料和工程质量监督报告留存档案。

(5) 建设单位报送的建设工程竣工验收备案表和竣工验收备案文件如不符合要求，备案工作人员应填写备案审查记录表，提出备案资料存在的问题，双方签字后交建设单位修改。

(6) 建设单位根据规定对存在的问题进行整改和完善，符合要求后重新报送备案管理部门备案。

(7) 备案管理部门依据工作质量监督报告或其他方式，发现在工程竣工过程中存在违反国家建设工程质量管理规定行为的，应当在收讫工程竣工验收文件15个工作日内，责令建设单位停止使用，并重新组织竣工验收。建设单位在重新组织竣工验收前，工程不得自行投入使用，违者按相关规定处理。

(8) 建设单位采用虚假证明文件办理竣工验收备案，工程竣工验收无效，责令停止使用，重新组织竣工验收，并按有关规定进行处理。

(9) 建设单位在工程竣工验收合格后15日内未办理工程竣工验收备案，责令其限期改正，并按有关规定处理。

第二节 工程竣工验收备案的实施

伴随着备案工作的实施，政府建设工程质量监理管理模式已有大的调整，政府及其委托的监督机构抽查内容将从单一的实物质量扩大到施工现场质量保证体系质量责任制。因此，施工单位应从多方面做好备案基础工作。

一、施工准备阶段施工单位的备案基础工作

施工单位应积累建设项目的基本文件依据，所谓文件依据，主要是指那些适用于工程项目通用的、具有普遍指导意义和必须遵守的基本文件。包括：
（1）工程承包合同文件；
（2）设计施工图文件；
（3）国家及政府部门颁布的有关质量管理方面的法律、法规和规章；
（4）有关质量检验、质量控制的技术与技术管理规定、标准和规范。
上述4类文件，施工现场项目部都必须在开工阶段及时收集、分类、编号，这是做好备案工作必须的准备工作。

二、施工单位项目开工前的质量控制

1. 施工准备阶段的质量控制要点
（1）掌握工程的特点和关键部位的特点。
（2）调查并创造有利施工的条件。
（3）合理部署和选择施工队伍。
（4）预测施工风险和做好应变准备。

2. 做好项目开工前的准备工作
（1）施工组织准备。
（2）施工技术准备。
（3）施工物资准备。
（4）施工现场准备。
（5）施工队伍准备。

3. 施工单位项目开工前的备案配合工作
（1）配合建设单位办理建设工程质量监督申报手续。
（2）配合建设单位填写建设工程从业人员资格审查表。
（3）施工单位参与首次监督工作会议。
（4）施工单位接受首次监督检查。
（5）理解和执行建设工程质量监督方法。

三、施工过程中施工单位的备案实施要点

施工过程中，施工单位对各项影响施工质量的因素应实施有效的管理和控制，这一过程是确保施工生产符合设计意图及国家标准要求的重要环节。同样，随着政府建设工程质量管理模式的改革和备案制度的实施，施工单位强化施工过程的质量管理控制，既能确保施工生产实现设计意图，达到国家质量标准要求，也是适应政府强化监督实施备案要求所必需的基础工作。

1. 施工单位必须加强施工过程中的质量管理与控制

（1）明确质量控制关键环节。
（2）确立工序质量控制点。
（3）严格隐蔽工程验收程序。
（4）建立缺陷纠正程序。
（5）建立半成品与成品保护措施。
（6）抓好技术复核工作。
（7）严格质量试验与检测手段。
（8）加强对分包单位的管理。

2. 施工过程中施工单位的质量评定

在施工过程中，施工单位应及时按照《建筑工程施工质量验收统一标准》（GB 50300—2013）的要求，组织相关人员对检验批、分项工程、分部工程质量进行验收评定；单位工程完工后，施工单位应自行组织有关人员进行检查评定；合格后，及时向监理单位提交竣工验收报告。

3. 施工单位对工程质量问题的处理

质量事故处理的目的是为了消除质量缺陷，达到建筑物安全可靠和正常使用的各项功能要求，并保证施工的正常进行。

因此，当施工过程中出现质量问题时，应及时按照《建筑工程施工质量验收统一标准》（GB 50300—2013）和相关规定的要求进行处理。

4. 施工过程中施工单位的备案参与工作

（1）接受质量监督机构的工程质量抽查。
（2）接受监理单位、建设单位的日常质量监督检查。
（3）参与工程质量验收。
（4）对工程质量达不到合格标准的，认真进行质量整改。

四、竣工验收阶段施工单位备案实施要点

（1）施工单位必须保证单位工程达到竣工验收标准。
① 对单位工程施工质量文件进行检查确认；
② 对工程项目质量进行自评验收；
③ 填写施工单位工程质量验收记录；
④ 要求整改的问题已整改完毕，并报监理单位验收合格；

⑤ 按合同约定承担工程质量保修期的责任。

(2) 协助建设单位、监理单位查阅并帮助整理工程项目全过程竣工档案材料。

(3) 积极配合建设单位做好单位工程竣工验收。

(4) 如实填写"工程款支付证明"文件。

(5) 积极配合建设单位填写建设工程竣工验收备案表。

(6) 服从主管部门备案结论，妥善保存有关备案资料。

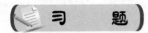

简答题

1. 工程竣工验收备案应提交的文件有哪些？
2. 简述工程竣工验收备案的程序。
3. 简述施工单位项目开工前的质量控制要点。
4. 简述施工过程中施工单位的备案实施要点。
5. 简述验收阶段施工单位备案实施要点。

第九章　计算机辅助资料整理

学习目标
- 了解计算机在资料管理中的应用
- 掌握计算机资料管理软件的应用

能力目标
- 能够借助计算机资料软件编制技术资料
- 能够借助计算机资料软件收集及整理建筑工程资料文件
- 能够借助计算机资料软件对建筑工程资料文件进行电子归档

第一节　计算机在资料管理中的应用

若要对建筑工程项目实施全面规划和动态控制，就需要处理大量的信息、整理大量的资料，其处理过程要求及时、准确和全面，以此才能提高项目决策的效率，发挥信息的最大价值。

随着工程项目的日渐复杂和计算机技术的日新月异，计算机在工程项目资料管理中发挥着越来越重要的作用。

计算机辅助资料管理可以极大地提高资料管理的工作效率，大大提高工程资料管理的水平。具体来说，计算机辅助资料管理具有以下一些优点。

（1）计算机能够存储大量的数据和信息，为此可以方便存取与项目有关的各种信息，使信息共享，为项目管理提供有效使用服务。

（2）计算机能够快速处理大量的数据，提高了信息处理的速度，从而能够有效地辅助工程项目管理人员及时、正确地做出决定。

（3）利用计算机，可以将文件资料快速转换为各种形式，以便于服务不同需要的工程项目，提供不同等级的管理信息。

（4）利用计算机网络，可以提高数据传递的速度和效率，充分利用信息资源。

第二节　计算机资料管理软件应用

资料管理系统是管理信息系统的基础，是管理信息系统有效运行的前提条件。目前已开发出多种资料管理系统软件，这些软件虽有一些地域差别，但其仅仅表现在一些细节上。计算机资料管理软件常用的有筑龙资料管理软件、建龙资料管理软件、品茗资料管理软件、筑业资料管理软件等，目前应用比较广泛的有"筑龙软件之建筑工程质量验收资料管理"系列软件。

筑龙软件之建筑工程质量验收资料管理系统主要包括工程项目从报建开始施工检验批数字化表格填写、分项分部单位工程的自动生成、监理（建设）单位签字审核、项目监督备案管理、项目建设（监理）资料管理、检测报表、强制性条文检查、安全生产保证体系、施工技术交底、工程资料组卷等内容。软件除可以替代传统手工填写报表功能外，还具有手工填表无法实现的功能。

（1）可自动统计允许偏差抄测记录合格点率，并判断和提示超标测点。

（2）可自动汇总分部分项检验批的数量和验收部位，大大减轻了资料整理的工作量。

（3）可方便地扩充抄测点数量，将常规 10 个记录定义到 0~50 个，以满足工程实际需求。

视频 软件操作演示

（4）可及时方便地为用户提供填表指南和辅助填写参考，为企业提供了便捷的专家系统。

（5）可隐藏没有使用的记录栏目，减少了打印和纸张用量，可输出规范整洁的技术资料。

（6）能将 CAD 矢量图形或 WORD 文档插入表格中。

（7）手工效果填表功能，可在印刷表格上以书写效果填写报表内容。

图 9-1～图 9-5 分别为"筑龙软件之建筑工程质量验收资料管理"系列软件的操作界面示意图。

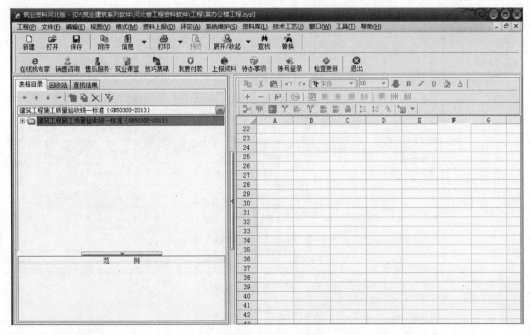

图 9-1　操作界面示意图一

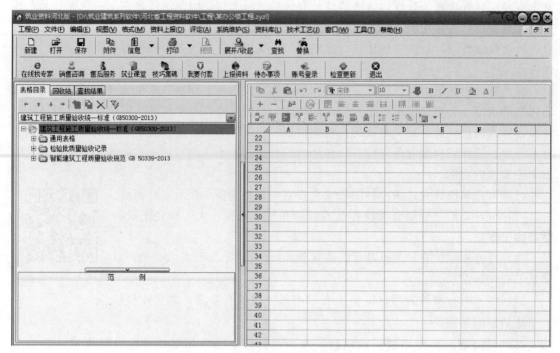

图 9-2 操作界面示意图二

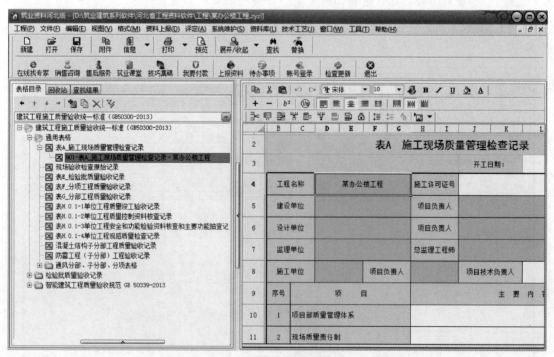

图 9-3 操作界面示意图三

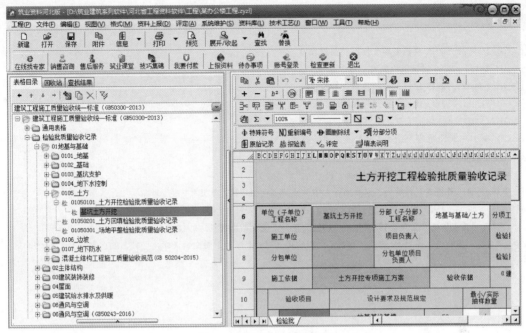

图 9-4　操作界面示意图四

图 9-5　操作界面示意图五

简答题

1. 计算机辅助资料管理具有哪些优点？
2. 计算机资料管理软件一般具有哪些功能？

参 考 文 献

[1] GB/T 50328—2014 建筑工程文件归档整理规范.
[2] JGJ/T 185—2009 建筑工程资料管理规程.
[3] GB/T 50326—2017 建筑工程项目管理规范.
[4] GB/T 50319—2013 建设工程监理规范.
[5] GB 50300—2013 建筑工程施工质量验收统一标准.
[6] GB 50204—2015 混凝土结构工程施工质量验收规范.
[7] GB/T 50502—2014 建筑施工组织设计规范.
[8] JGJ 59—2015 建筑施工安全检查标准.
[9] 李辉.建筑工程技术资料管理 [M].北京：中国建筑工业出版社，2011.
[10] 郑伟，许博.建筑工程资料管理 [M].长沙：中南大学出版社，2013.
[11] 李媛.建筑工程技术管理资料.第2版 [M].北京：人民交通出版社，2013.
[12] 尹素花，田春艳，杨卫国.建筑工程技术资料管理 [M].上海：上海交通大学出版社，2014.